AF617900

Würzburger Vorträge zur Rechtsphilosophie, Rechtstheorie und Rechtssoziologie

Herausgegeben von Horst Dreier und Dietmar Willoweit

Begründet von Hasso Hofmann, Ulrich Weber † und Edgar Michael Wenz †

Heft 48

Pirmin Stekeler-Weithofer

Eine Kritik juridischer Vernunft

Hegels dialektische Stufung von Idee und Begriff des Rechts

Nomos

Vortrag gehalten am 28. November 2013

Die Deutsche Nationalbibliothek verzeichnet diese Publikation in der Deutschen Nationalbibliografie; detaillierte bibliografische Daten sind im Internet über http://dnb.d-nb.de abrufbar.

ISBN 978-3-8487-1367-7

1. Auflage 2014
© Nomos Verlagsgesellschaft, Baden-Baden 2014. Printed in Germany. Alle Rechte, auch die des Nachdrucks von Auszügen, der fotomechanischen Wiedergabe und der Übersetzung, vorbehalten. Gedruckt auf alterungsbeständigem Papier.

Inhaltsübersicht

1. Einleitung

Philosophische Überlegungen zur Frage „Was ist Recht?" oder „Was ist ein Gesetz?" führen erstens schnell zu einer *Strukturgeschichte der politischen Institutionen* in ihren *Grundformen* und implizit leitenden *Ideen* und zweitens zu einer Einbettung des Rechts in eine allgemeine *Praktische Philosophie*. Der erste Aspekt zeigt sich in der Verbindung von Hegels *Rechtsphilosophie*, besonders in ihren Schlusspassagen, mit seinen Vorlesungen zu einer *Philosophie der Geschichte*. Es sind hier dann aber allerlei verbreitete Fehldeutungen von Hegels *Geschichtsphilosophie* auszuräumen.[1] Manche meinen z.B., Hegel ziele auf *erklärende Vorhersagen* einer zukünftigen Entwicklung ab, andere wiederum, es sei eine Art *Konkurrenz* der Philosophie mit der Historiographie intendiert. Dabei geht es bloß darum, wie eine *Entwicklungsgeschichte unserer Institutionen verfasst sein sollte* und wie sie im dialektischen Hin- und Her von Sprache und Praxis logisch immer schon verfasst ist bzw. welche Darstellungsformen dabei vernünftig und welche irreführend sind oder sein können. Für den zweiten Aspekt können wir als Einstieg auf die recht informative Habilitationsschrift *Rechtsphilosophie als Praktische Philosophie* von Elisabeth Weisser-Lohmann verweisen.[2] Dieser Arbeit zufolge geht es Hegel um eine philosophische Analyse von *Grundbegriffen* als Übergang von *Grundideen* des Rechts und des Staates zu ihren Darstellungen. Das Hauptproblem für jeden Leser notiert Weisser-Lohmann auf S. 177: „Nach wie vor herrscht wenig Klarheit darüber, wie Hegels Hinweis ‚das Nähere über einen solchen Übergang des Begriffs macht sich in der Logik verständlich'[3] zu verstehen

1 Vgl. dazu auch Pirmin Stekeler-Weithofer, „Vorsehung und Entwicklung in Hegels Geschichtsphilosophie", in: Rüdiger Bubner, Walter Mesch (Hrsg.), *Die Weltgeschichte – das Weltgericht?*, Stuttgarter Hegel-Kongreß 1999, Band 22, Stuttgart, Klett-Cotta, 2001, 141-168.

2 Elisabeth Weisser-Lohmann, *Rechtsphilosophie als Praktische Philosophie*, München, Fink, 2011.

3 Grundlinien § 141, 139; GW 14.1, 135. Ich zitiere hier und im Folgenden Georg Wilhelm Friedrich Hegel, *Grundlinien der Philosophie des Rechts. Naturrecht und Staatswissenschaft im Grundrisse* (Berlin 1821) = Georg Wilhelm Friedrich Hegel *Gesam-*

ist.“ Man kann nämlich in der Tat Hegels Rechtsphilosophie nicht begreifen ohne Rückgriff auf die Logik. Was man hier insbesondere nicht versteht, ist nach meinem Urteil, erstens, dass bei Hegel *Ideen* nicht etwa bloße Vorstellungen, sondern (Darstellungen für) real existierende Praxisformen sind, und, zweitens, dass eine Analyse von Begriffen immer, besonders aber dort, wo es um begriffliche Darstellungen von Ideen oder eben Handlungsformen geht, selbst immer schon eine Strukturanalyse von Praxisformen ist. Drittens führt das so genannte *Paradox der begrifflichen Analyse* zu einer *Dialektik der Explikation von Formen und Normen*. Es handelt sich dabei um die schwierige Tatsache, dass unsere verbalen Kommentierungen einer Praxis, in der wir Formmomente explizieren und implizite Normen durch explizite Prinzipien oder Regeln artikulieren, die Praxis nicht einfach bloß deskriptiv abbilden, weder in empirisch-historischer Narration noch in einer erklärenden Theorie. Jede Darstellung von Formen ist normativ dicht. Das ist sie schon deswegen, weil Formen immer Normalfallgestalten sind. Man belässt in Darstellungen von Formen das bloß aktuale, reale, empirische, historische, Tun der Einzelwesen nicht einfach, wie es ist. Jede Explikation verändert die Praxis immer auch schon empraktisch.[4] Es ist das dann auch wieder eine Einsicht des späteren Wittgenstein. Hinzu kommt das schwierige Problem der methodischen Ordnung, die als solche eine Ordnung von Entwicklungsstufen einer gediegenen Institution ist.

Ein wichtiges Paradigma, an dem wir die Bedeutsamkeit dieser Einsichten schön sehen können, ist das Verhältnis zwischen implizitem Wissen und expliziter Wissenschaft. Die verschriftlichten Theorien einer Wissenschaft verändern nämlich ein teils bloß implizit, teils bloß oral tradiertes Wissen. Das geschieht, ohne dass man das empraktisch Implizite je ganz in expliziten Regeln und Sätzen einfangen könnte. Das

melte Werke, Band 14 in 3 Bänden, hg. v. Klaus Groitsch und Elisabeth Weisser-Lohmann, Hamburg, Meiner, 2009-11. *Text*: Ges. Werke Bd. 14,1. In den *Beilagen* (Ges. Werke Bd. 14,2) finden sich Hegels eigene Notizen und Bemerkungen zu Rechtsphilosophie (bis § 180 vor dem Übergang zur Bürgerlichen Gesellschaft), im *Anhang* (Ges. Werke Bd. 14,3) Kommentare zur Edition und Referenztexte. Zitationen im Folgenden in den Kurzformen „Grundlinien § xy“ oder „Rechtsphilosophie § xy“ bzw. GW-Bandnummer-Seite.

4 Das nützliche Adjektiv „empraktisch“ hat Karl Bühler in seinem Buch *Sprachtheorie. Die Darstellungsfunktion der Sprache,* Jena, 1934, Gustav Fischer, eingeführt.

zeigt Wittgenstein ebenfalls an schlagenden Beispielen. Für die Wissenschaft bedeutet das, dass man das reale Gespräch in seiner Bedeutung tendenziell maßlos unterschätzt und die Zahl der schriftlichen Diskussionsbeiträge vor der Kanonisierung von haltbaren Ergebnissen in enzyklopädischen Lehrbüchern ebenso maßlos überschätzt. Denn allem Schriftverstehen liegt ein Verstehen gesprochener Sprache methodisch zugrunde.

Wie dem aber auch sei, wir halten fest: Rechtsphilosophie ist eine Art *Logik des Rechts*. Sie ist es so weit, wie wir in der Lage sind, das Wort „Logik" in einem hinreichend umfassenden Sinn zu begreifen. Dazu muss man zuerst einmal die traditionellen Verengungen auf gewisse Satz- und Schlussschemata im Operieren mit Ausdrücken als bedauernswerte Reduktionen in der so genannten formalen Logik erkennen.[5]

5 Die Reduktion auf eine formale Logik hat schon Aristoteles in den *Analytica Priora* zu verantworten. Bei Kant wird sie trotz der Erweiterungen seiner transzendentalen Logik im Grunde weitergeführt, da auch sie nicht anders als später Freges relationale und funktionale Logik bloß erst eine Logik der Sätze als Ausdrucksfiguren, nicht der Aussagen als performative Sprechhandlungen ist, und das trotz aller formalen Semantik oder Bedeutungs- bzw. Dingbezugslehre. Die formale Tradition der Logik beschränkt sich eben immer bloß auf Ausdrucks-, Satz- und Deduktionsregeln. Zur Rechtsphilosophie als Logik der Institutionen vgl. auch Benno Zabel, The institutional turn in Hegel's Philosophy of Right: Towards a conception of freedom beyond individualism and collectivism, Hegel Bulletin 2014.

2. Die Idee als Gesamt von Praxisformen

Hegels *Grundlinien der Philosophie des Rechts* sind also keine ungeordneten Reflexionen auf einzelne begriffliche Probleme des Rechts und der Rechtsprechung. Schon eher geht es um Idee und Begriff des Rechts. Dabei macht der Begriff des Rechts die Idee im Detail explizit. Die Idee ist die Form des Rechts als (dargestellte) Vollzugsform einer Praxis.

Hegel erkennt dabei, dass auf die philosophisch klingende Frage, was Recht sei, eine ‚Definition' im klassischen Sinne des Aristoteles, entworfen für eine Taxonomie von Lebewesen, nicht zu einer geeigneten Antwort führt. Aristoteles wünscht sich die Angabe einer obersten oder höheren Gattung (etwa aller Tiere oder, sagen wir, aller Säugetiere) und einer spezifischen Differenz wie eine solche, welche die Menschen aus den Primaten aussondert oder Affen von Hunden und Katzen unterscheidet. Im Fall der Definition von ‚Begriffen', in denen wir Ideen oder Praxisformen artikulieren und von andersartigen unterscheiden, und zwar sowohl in ihrer Gestalt oder Erscheinung als auch in ihrem Sinn und im Blick auf Zwecke oder erhoffte Folgen, ist eine bloße Klassifikation wie in einem sortalen Bereich von Individuen (für die zeit- und aspektstabile Identitäten definiert sind) nicht angemessen oder passend. Eine Idee auf den Begriff zu bringen, ist daher eine Tätigkeit von anderer Form, als dies eine Definitionslehre suggeriert, wie sie für Taxonomien von disjunkten Gattungen und Arten oder für mathematische Mengenbildungen etwa in einer höheren Arithmetik entwickelt wurde, die übrigens den einzigen Fall *reiner sortaler Gegenstandsbereiche* darstellt. Das Wort „rein" bedeutet dabei gerade auch bei Kant und Hegel immer dasselbe wie „*ideal*" oder „*abstrakt*". Ideen sind als realisierte Formen gerade *nie* ideal oder rein.

Die Explikation einer Idee durch eine begriffliche Artikulation der Formen ist eine besondere Tätigkeit des Kommentierens von implizit in unserem Tun schon an sich bekannten, also empraktisch realen Vollzugsformen. Hegel nennt dabei das, was wir heute zumeist als Analyse oder Theorie ansprechen, „Spekulation", wenn es um einen sprachlichen Entwurf einer *logischen Geographie* aus einem Blick sozusagen von weit oben, also um globale strukturelle Überblicke geht. Das lateinische Wort „*speculari*" heißt ja: „von einem Wachturm aus beobachten". Das griechische Wort „*theoria*" verweist entsprechend auf den Blick eines eigens bestellten Theaterkritikers oder Beobachters von einem besonders guten Blickpunkt her. Eine Theorie im engeren Sinne ist eine ausgezeichnete, kanonisierte, materialbegriffliche Ordnung von Ausdrucks- und eben damit auch von Sachformen.

Wir sind heute, gerade auch nach Vorarbeiten u.a. von Wilfrid Sellars, Robert Brandom, Rüdiger Bubner, Ludwig Siep, Robert Pippin und Terry Pinkard, endlich in der Lage, etwas besser zu verstehen, dass sich Hegel erstens um die implizite *Logik der Artikulation und Entwicklung von Institutionen* bemüht, zweitens um die Logik der *Begriffe* und begrifflichen *Sätze*. In diesen stellen wir die Institutionen mit Hilfe von expliziten Prinzipien und Regeln dar, wobei sich die Zielideen und normativ bestimmten Kooperationsformen immer nur in *Grundrissen* explizit machen lassen. Die Grundschwierigkeit des Verständnisses derartiger ‚spekulativer', und das heißt: hochstufiger, allgemeiner, abstrakter, und eben daher idealisierend vereinfachender Darstellungen besteht darin, dass ein breites und tiefes Wissen vorausgesetzt oder verlangt ist, um die schon skizzierte Differenz zwischen *der Idee* und *dem Begriff* zu verstehen. Die *Idee* ist dabei – so reden auch wir sehr oft, obwohl wir es kaum bemerken – eine trotz aller oberflächlichen *Formvariationen* stabile und im Vollzug der Praxis gemeinsamen Lebens längst schon reale *Grundform* der jeweils zu thematisierenden *Praxis*. Der *Begriff*, den wir hier am Beispiel des Rechtsstaates zu betrachten haben, ist die verbale Explikation der als empraktischer Vollzugsform zunächst bloß impliziten Idee. Hegels Aussage, dass die Idee das Reale ist, darf daher auf gar keinen Fall als mystische Ideenlehre missdeutet werden. Es werden nicht bloße Ideen im Sinne von reinen idealen Vorstellungen hypostasiert, wie z. B. Karl Marx und viele seiner sozialwissenschaftlichen Anhänger von Hegel sagen, weil sie den besonderen Kontrast zwischen Idee und Begriff, also zwischen Vollzugsform und Vorstellungsform nicht begreifen. Man verwechselt dann auch die Idee mit bloß verbalen Idealen oder sogar reinen Utopien und erklärt Hegel zu einem „Idealisten", dem es angeblich um ein normatives Ideal und nicht um die soziale Realität gehe und der eben deswegen vom Kopf auf die Füße gestellt werden müsste. Dabei ist die ironische Replik schon deswegen nur bedingt lustig, weil Hegel selbst die Französische Revolution sprachlich intelligent kommentiert als den – leider in Manchem gescheiteren – Versuch, auf dem Kopf zu gehen, nämlich den politischen Gang der Geschichte vom vernünftigen Denken abhängig zu machen.

Die begrifflichen, explizit verbalen, Fassungen praktisch verwirklichter Formen des gemeinsamen Handelns, das ist die zentrale methodische Einsicht Hegels, kommen immer sehr spät. Sie hinken oft lange hinter den *praktisch anerkannten* impliziten Normen des Handelns und der Beurteilung von Handlungen hinterher. Diese Anerkennungen aber sind zumeist längst schon in vielen Stufen der Allgemeinheit und Besonderheit begrifflich reflektiert, also keineswegs bloße kollektive Gewohnheiten. Dabei beginnt gerade die *Philosophie* damit, derartige Grundformen in ihren Stufen explizit zu machen. Erst wenn das erfolgreich genug geschehen ist, sind die wissenschaftlichen Ausdifferenzierungen, welche ein Rahmengerüst verfeinern, insgesamt auf einem guten, nachhaltigen Weg. Es ist daher kein Zufall, dass sich die kanonisierten Einzeldisziplinen der Wissenschaften immer erst nach und nach aus einem einheitlichen Kernbereich ausgliedern, der seit der griechischen Antike den vagen Gesamttitel „Philosophie" trägt.

Gerade weil es zu jeder Zeit auch neue wesentliche Formen in unserem Leben und Zusammenleben gibt, ist es die nachhaltige Aufgabe der Philosophie, die jeweilige Zeit in explizite Gedanken zu fassen. Das heißt, dass die neuen Formen und Ideen auf den Begriff zu bringen, also in gegliederter Weise beredbar, reflektierbar und damit bewusst zu machen sind.

Nun ist neben dem Staat, genauer sogar: im Staat, das Recht eine Institution, welche längst schon als Idee oder geformte Praxis real ist. Rechtsphilosophie ist dabei, geschichtlich betrachtet, die Tradition der Versuche, *die Grundformen* des Rechts im Rahmen einer staatlich verfassten Gesellschaft *zu artikulieren.* In der jeweiligen Gegenwart ist Rechtsphilosophie sachlich informierte *Strukturanalyse* der betreffenden *Praxisform* oder *Institution.* Als Strukturanalyse muss sie *Allgemeines* und *Besonderes unterscheiden* und damit eine angemessene *methodische Ordnung* auf der Ebene der *Darstellung* gegen ein flaches Nebeneinander einer bloß deskriptiven Phänomenologie empirischer Erscheinungen allererst herstellen.

Der Begriff des Staates und des Rechts wird entsprechend zunächst dargestellt in einer Rekonstruktion der systematischen *Kommentargeschichte seiner Idee* oder eben *Realität*. Während aber die heute so genannte *Ideengeschichte* weitgehend als bloße *Historie einzelner Kommentierungen* institutioneller Traditionen betrieben wird, ist die heute so genannte *Begriffsgeschichte*, wie sie etwa im *Historischen Wörterbuch der Philosophie* dokumentiert ist, zumeist bloße *Wortgeschichte*.

Hegels Wort „Idee" ist offenbar die deutsche Übertragung der platonischen ‚*idea tou agathou*', mit welcher Platon die Formgestalten *guter* Exemplare, Paradigmen oder Prototypen einer begrifflichen Form, wie z.B. eines Kreises oder dann auch einer staatlichen *eunomia* (Solon), *isonomia* (Kleisthenes) oder *politeia* (Platon) überschreibt, die als ideale Formen zu inneren Gegenständen einer ‚Theorie', also einer Darstellung eines Strukturmodells werden. Hegel versteht dementsprechend eine *Idee* explizit als *hinreichend gut realisierten Begriff*. Die Idee ist damit, es kann angesichts der besonders englischsprachigen Verwässerung des Lehnwortes „*idea*" nicht oft genug gesagt werden, ein *Sein*, genauer ein *geformtes Wesen* bzw. eine *reale Seinsgestalt*. Sie ist konkrete *Vollzugs- oder Prozessform an und für sich*. Der Ausdruck „an sich" verweist dabei auf das *Allgemeine* eines Normalfalls und das dabei generisch *Reproduzierbare* der Form, der Ausdruck „für sich" auf die *Besonderheiten* eines je konkret aktualisierten Vollzugs in seiner Einzelheit.

Das *eidos* als der abstrakt-ideale Begriff ist *Gegenstand reflektierender Rede*. Er ist situiert in einem System von Kommentaren oder im Rahmen einer expliziten Theorie mit ihren definitorischen Bestimmungen und allgemeinen materialbegrifflichen Sätzen und Regeln. Zu diesen gehören immer auch generische Prinzipien oder Grundsätze.

‚Die Idee' als *singulare tantum* nennt bei Hegel in manchen Kontexten das Gesamt geformter Praxis und damit die *gesamte Seinsweise* des personalen Menschen *in der Welt*. Dabei gliedert sich die *ganze* Welt in die handlungsfreie Natur und das menschliche Ethos, das Ganze unserer Handlungswelt. Diese *Sittlichkeit* ist, wie schon Heraklit in seinem bahnbrechenden Orakel *ēthos anthrōpō daimōn* sagt, der entmythisierte Geist. Das Orakel besagt: Was dem Menschen als Geist erscheint, ist tatsächlich die Sittlichkeit, das gemeinsame Wissen, Können und Sollen. Aufklärung über das Geistige bedeutet also, die Rede von einem gespenstartigen Dämon oder Geist durch die Rede über ethische Seinsformen zu ersetzen, in denen wir zu einer Gemeinschaft, am Ende zu einer *civitas* vereint sind. Im Blick auf die Natur hatten schon vor Heraklit Thales, Anaximander und Anaximenes die handelnde Intervention menschenähnlicher Götter zurückgewiesen und durch Naturkräfte ersetzt. Aristoteles zufolge besteht die zentrale Einsicht des Sokrates in der Unterscheidung zwischen Physik und Ethik. All das weiß Hegel und benutzt es in seinen Analysen. In expliziter Nachfolge des Heraklit und des Aristoteles geht es ihm um die Differenzierung von Natur- und Geisteswissenschaften (*avant la lettre*). Die Bedeutung dieser Unterscheidung wird nicht begriffen, wenn in einer angeblich modernen Naturalisierung des Geistes als der Wissenschaftsmetaphysik der Gegenwart auf quasi vor-antike Weise wieder alles zu Natur gemacht wird. Das geschieht gerade dann, wenn man den Geist mit der Funktionsweise des Gehirns identifiziert. Hegel erkennt dagegen, dass sogar jedes instrumentelle Handelnkönnen über das erlernte Vorherwissen und die Repräsentation von Zwecken und Plänen längst schon Folge der Kooperation der Menschen in der geschichtlich tradierten Kultur der Vernunft ist.

Da nun alle Grundideen der Welt als Praxisformen des Handelns zunächst im Kontext religiöser und theologischer Redeformen mit ihren anthropomorphen figurativen Reden über Götter (und Gott) thematisiert worden waren, gehört zu jeder Wissenschaft die logische *Säkularisierung* des Mythos. Mythologische Sätze werden dabei als allegorische Artikulationsformen für allgemeine Formen der Welt gelesen. Schon wenn etwa mit Thales die ionischen Philosophen sagen, *alles sei göttlich*, dann braucht es keine personalen Götter mehr. Es gibt nur noch eine teils *natürliche*, teils *kultürliche* Welt und die in ihr vorhandenen Kräfte, Prozesse und Handlungsformen. Wissenschaft beginnt eben so im philosophischen Übergang vom Mythos zum Logos als der strukturellen Einsicht in sich reproduzierende Formen der Natur und in tätig reproduzierbare Formen des individuellen und gemeinsamen Handelns.

Auch die Rede von einem *Naturrecht* gehört in den Kontext des Prozesses der ‚Aufklärung' und ‚Säkularisierung'. Es werden in ihr die Anthropomorphismen in tradierten Vorstellungen Gottes als welttranszendentem Hüter des Rechts oder Gesetzgeber aufgehoben. Die Idee der

Einheit des Rechts muss dabei allerdings gegen die Gefahren ihrer Auflösung in die Kakophonie bloß einzelner Wünsche und subjektiver Meinung angemessen bewahrt werden, nämlich im Gedanken des Souveräns nicht als König oder Rex, sondern als allgemeines Wir und seiner ‚*volonté générale*'.

Vor dem Hintergrund dieser Skizze ist es kein Zufall, dass Hegel eine zweite, logische, Säkularisierung des Rechts fordert. Er selbst versucht sie in der *Rechtsphilosophie* unter der zweiten Überschrift „*Naturrecht und Staatswissenschaft im Grundrisse*" zu entwickeln. Denn eine bloße Ersetzung theologischer Redeformen durch das zweideutige Wort „Natur" bringt die begriffliche Analyse der geschichtlichen Idee des Rechts noch nicht wirklich weiter. Das entsprechende Problem, das wir mit dem Wort „Natur" haben sollten, betrifft also sowohl die Natur-Wissenschaft als auch das Natur-Recht, zumal die Natur einer Sache auch oft bloß das begriffliche Wesen ist. Hegel sagt eben daher: „Der Ausdruck *Naturrecht*, der für die philosophische Rechtslehre gewöhnlich gewesen, enthält die Zweideutigkeit, ob das Recht als ein in *unmittelbarer Naturweise* vorhandenes oder ob es so gemeint sei, wie es durch die Natur der Sache, d.i. den *Begriff*, sich bestimme".[6]

Um nun aber nicht nur über hochabstrakte Fragen nach der Logik begrifflicher Explikationen in das Themengebiet Ethik, Moral und Recht weiter einzudringen, sondern auch deren *konkrete Relevanz* anzudeuten, betrachte ich erst einmal paradigmatisch zwei reale Probleme. Diese

6 Enz. § 502. Hier und im Folgenden zitiere ich Hegels *Enzyklopädie der philosophischen Wissenschaften* mit der Angabe der Paragraphen und dem Kürzel „Enz." nach *Hegel Werke*, Bde. 8-10, hg. v. Eva Moldenhauer und Karl Markus Michel, Frankfurt (Suhrkamp) 1978/1986. Hegel fährt im § 502 so fort: „Jener Sinn ist der vormals gewöhnlich gemeinte; so daß zugleich ein *Naturzustand* erdichtet worden ist, in welchem das Naturrecht gelten solle, wogegen der Zustand der Gesellschaft und des Staates vielmehr eine Beschränkung der Freiheit und eine Aufopferung natürlicher Rechte fordere und mit sich bringe. In der Tat aber gründen sich das Recht und alle seine Bestimmungen allein auf die *freie Persönlichkeit*, eine *Selbstbestimmung*, welche vielmehr das Gegenteil der *Naturbestimmung* ist. Das Recht der Natur ist darum das Dasein der Stärke und das Geltendmachen der Gewalt, und ein Naturzustand ein Zustand der Gewalttätigkeit und des Unrechts, von welchem nichts Wahreres gesagt werden kann, als *daß aus ihm herauszugehen* ist. Die Gesellschaft ist dagegen vielmehr der Zustand, in welchem allein das Recht seine Wirklichkeit hat; was zu beschränken und aufzuopfern ist, ist eben die Willkür und Gewalttätigkeit des Naturzustandes."

sind für jedes sinnkritische moralische und juridische (also nicht schon juristische, d. h. bloß positiv-rechtliche) Urteilen von großer Bedeutung. Es handelt sich, erstens, um das kantische Paradox des unbedingten Lügenverbots, samt den zugehörigen Problemen jeder Verfahrensethik, und zweitens, um das sentimentale Dilemma der Einlösung von Sanktionsdrohungen, samt der zugehörigen Unterscheidung zwischen Rache, Strafe und Sicherheitsverwahrung.

3. Das kantische Paradox des unbedingten Lügenverbots

Kants Schrift „Über ein vermeintliches Recht, aus Menschenliebe zu lügen“ (1797)[7] antwortet bekanntlich auf Benjamin Constant, der argumentiert, dass in dem folgenden Situationstyp das allgemeine Prinzip, die Wahrheit zu sagen, außer Kraft gesetzt ist: Ein bekanntermaßen völlig unschuldiger Mensch wird von Häschern verfolgt und versteckt sich in meinem Haus. Man denke, um das Beispiel drastisch zu machen, an Widerstandskämpfer und die Gestapo in einem von Nazideutschland besetzten Gebiet oder an verfolgte Juden und SS-Männer. Die Häscher fragen mich, ob sich der Mensch in meinem Haus befindet. Kant analysiert die Lage so, dass mir das Prinzip des unbedingten Lügenverbots zwar erlaubt, die Aussage zu verweigern, nicht aber zu heucheln, wahrheitswidrig ein Nichtwissen zu erklären, oder gar zu lügen, also etwa zu sagen, ich kenne die Person nicht oder sie befindet sich sicher nicht hier. Kant begründet dies erstens damit, dass er meint, jede bewusste Unwahrheit sei ein Angriff auf das kooperative und kommunikative Basisprinzip jeder *humanitas*, nämlich die Wahrhaftigkeit, zweitens damit, dass Lügen nur funktioniert, wenn dem Sprecher geglaubt wird, so dass jede Lüge den Missbrauch einer moralischen Institution durch einen Trittbrettfahrer darstelle. Zu allem Überfluss meint Kant, drittens, dass ich in dem Fall, in dem ich die Wahrheit sage und die Häscher ihr Opfer finden, für das weitere Geschehen nicht verantwortlich sei. Verantwortlich sei ich dagegen im Fall, in dem ich lüge, also bewusst gegen meine Überzeugung sage, der Gesuchte befinde sich nicht im Hause, dieser aber ohne mein Wissen das Haus verlassen hat und ‚aufgrund meiner Aussage‘ zufällig aufgegriffen würde.

Es gibt zwar eine weit verbreitete Ansicht, man könne Kants Schrift gegen die hier wohl schon sichtbare Kritik retten, indem man die Rede von einem *Recht zu lügen* besonders beachte. Aber das führt zu nichts und ist in allen mir bekannten Varianten ganz unverständlich. Es bleibt uns daher am Ende nichts übrig, als Constant gegen Kant Recht zu geben, dass es im geschilderten Fall nicht etwa nur rechtlich erlaubt, son-

7 *Kants Werke, Akademie Textausgabe Bd. VIII*, Abhandlungen nach 1881, Berlin, de Gruyter, 1968, 423-430.

dern sogar moralisch geboten ist, die Unwahrheit zu sagen, also den Häschern ins Gesicht zu lügen und zu sagen, der Verfolgte sei nicht im Haus. Dabei nennt Constant, soviel ist Kant zuzugestehen, die falschen, nämlich rein utilitarische Gründe einer erhofften Maximierung des Guten. In einer logischen Aufklärung über den Fall, wie sie Kant vielleicht hätte leisten müssen, aber nicht geleistet hat, ist auf folgende Punkte hinzuweisen:

Obwohl wir *im Normalfall* sprachlicher Kommunikation und Kooperation verpflichtet sind, die Wahrheit zu sagen, kann es hier, wie zu jeder *allgemeinen* Geltung *besondere Ausnahmefälle* geben. Hinzu kommt, dass ein Bitten und ein Fragen selbst erst als berechtigt anzuerkennen sind, zumal sie die Angesprochenen in eine schwierige Lage bringen können. So kann z. B. schon die Verweigerung einer Antwort oder die Erklärung des Nichtwissens dem Fragenden mehr an Information geben, als dieser zu erhalten verdient oder erhalten darf. Dieser kann nämlich mit seiner Frage selbst schon die normalen kooperativen Normen der Kommunikation und Kooperation für unberechtigte Ziele missbraucht haben. In solchen Fällen können und sollten wir gemeinsam wollen, und wollen hoffentlich auch tatsächlich, dass es erlaubt ist, den Fragenden durch eine Lüge auf den gleichen Stand des Nichtwissens zurückzubringen, auf dem er vor der Frage war. Wir haben damit in dialektischer Weise Kants Moral-Prinzip gegen sein eigenes Urteil in Anschlag gebracht.

Der Falltyp ist offenbar sogar politisch brisant. Denn wenn es z. B. nicht als erlaubt gelten sollte, einen Präsidenten (auch noch öffentlich) nach seinem sexuellen Privatleben zu fragen, wäre unter Umständen, wenn es nämlich keine angemessene Möglichkeit der Aussageverweigerung gibt, eine Antwort wie die Bill Clintons „*I did not have sex with this woman Monica Lewinsky*" eine moralisch völlig erlaubte Falschaussage. Interessanterweise sind in solchen Fällen Presse, Öffentlichkeit oder auch ein politischer Ausschuss in ihrem Vorwurf, es sei gelogen worden, die eigentlichen Heuchler. Die Überlegung zeigt nicht, dass Clinton richtig gehandelt hat. Sie zeigt nur, aus welcher Sicht eine entsprechende Handlung zu verteidigen sein könnte.

Das Beispiel zeigt aber in jedem Fall, dass ein rein schematisches Urteilen der Art, jede bewusste Falschaussage sei eine moralisch verwerfliche Lüge, einfach falsch ist. Mehr noch, die vermeintlichen Begründungsverfahren der kantischen Prinzipienethik führen keineswegs immer zu moralisch guten Urteilen. Im Extremfall werden sie sogar, wie Hegel nachgerade ironisch argumentiert, zu Verfahren des radikal Bösen. Das liegt daran, dass Hegel, ganz anders als Kant und dessen Anhänger in dieser Sache, das Böse nicht im bloß Schlechten sieht, das einer etwa aufgrund von Willensschwäche, überwältigt durch seine Begierden, Wünsche und Neigungen oder einfach in der Befolgung bloß seiner eigenen Interessen frei handelnd tut. Die Orientierungen an meinen Neigungen und an meinen Eigeninteressen machen, an sich betrachtet, nur das *so genannte Böse* aus, wie ein Titel von Konrad Lorenz diesen Fall ganz richtig skizziert.[8] Denn Natur ist an sich nicht böse. Das ist so, auch wenn ohne Berücksichtigung der anderen Personen ein bloß meine eigenen Zwecke berücksichtigendes Handeln sicher moralisch und ethisch als schlecht zu werten ist, was der so genannte Egoist ja durchaus selbst weiß.

Das *wirklich Böse* besteht nach Hegels Analyse des Begriffs im Grunde immer in einer teils dogmatischen, teils sophistischen *Selbstgerechtigkeit*. Das hat die bloß scheinbar paradoxe Konsequenz, dass nicht nur der Tartuffe, sondern sogar schon der reine Gesinnungsethiker oder vermeintlich fromme Gutmensch als die schöne Seele eigentlich und wahrhaft böse sein kann. Böse ist nämlich jeder, der sich damit zufrieden gibt, an oft sogar starren Regeln und Prinzipien festzuhalten, von denen er ach so ehrlich meint, dass alle sie anerkennen sollten, ohne zu fragen, ob die anderen sie auch wirklich so anerkennen bzw. oder ob sie wirklich ‚gelten'. Dabei gelten sie nur, wenn sie wirklich allgemein anerkannt sind. Das aber sind sie immer nur aufgrund geschichtlicher Tradition. Eine bloße ‚Vernunftüberlegung' der Art, dass man *neue* Normen setzen *könnte*, führt daher noch lange nicht zur Aufhebung tradierter Geltungen. Bloße Vorschläge oder Versicherungen müssen erst noch anerkannt werden, wie Hegel klar sieht. Kant behält zwar darin Recht, dass wir nicht anders reden sollten, als wir selbst handeln, also nicht anderen

8 Konrad Lorenz, *Das sogenannte Böse. Zur Naturgeschichte der Aggression*, Borotha-Schoeler, Wien, 1963, dtv 1977.

Wasser predigen dürfen, um selbst Wein zu trinken. Aber das reicht bei Weitem nicht.[9]

Ein weiteres Problem ist die falsche Deutung der hier relevanten Allgemeinheit, etwa auch von *Prinzipien* als *Allsätze*. Es ist das Charakteristikum des Prinzipienreiters, dass er *generisch allgemeine* Normen als *unbedingte Regeln* liest. In eben diese Richtung weist Hegels *Formalismusvorwurf* gegen Kant. Prinzipien sind bestenfalls Explikationsversuche *allgemeiner* Normen, die immer noch viele Ausnahmen haben und der besonderen Anwendung im freien Urteil bedürfen. Erst in seiner Analyse *bestimmender* und *reflektierender* Urteile in der *Kritik der Urteilskraft* kommt Kant dieser Grundeinsicht nahe, wie Hegel selbst erklärt, bleibt aber teils in einer Überschätzung wörtlichen Regelfolgens, teils in einer Unterschätzung der Bindung von kompetenter Urteilskraft an gegebene Normen befangen, wie wir noch sehen werden.

9 Vgl. dazu z.B. „Es ist das Sublimste, *Schmeichelhafteste – ich brauche nur meiner Einsicht zu folgen*" (GW 14,2; 643). „Die Bestimmung des Guten – im bösen – ist das Caput mortuum, des Positiven, Seyenden, – … weil alle Bestimmung, Besonderung – verflüchtigt ist, die Besonderung nur aus meiner Willkühr genommen ist – Ich anerkenne keinen objectiven Inhalt … nur das Gute, formelle, überhaupt. Absolute Sophisterey – darum gut, weil Ich überzeugt bin" (GW 14,2; 667; entsprechend auch GW 14,2; 679). „Ein gewissenhafter Mann (ist ein solcher,) der seine Pflichten tut – aber nicht sie erst aus sich macht" (GW 14,2; 653).

4. Das sentimentale Dilemma des Strafens

Mein zweites Beispiel erinnert an Friedrich Nietzsches bekannte Kritik an jeder Strafe als einer vermeintlichen Praxis der Rache. Nietzsche charakterisiert den „Geist der Rache" sehr schön als „des Willens Widerwillen gegen die Zeit und ihr ‚es war'".[10] Dann aber suggeriert er eine Sicht auf *Strafe*, die in Zeiten logisch bildungsschwachen Denkens zu einer Art *common sense* geworden ist: Strafe sei angeblich immer der hoffnungslos verfehlte Versuch, ein Geschehen *post hoc* irgendwie *ungeschehen* zu machen. Wäre dem so, dann wäre jedes Strafrecht und jede Strafe nicht bloß ungerechtfertigt und Unrecht. Sie wäre eine große Dummheit.

Zum Sinn des Strafrechts gehört klarerweise, dass für bestimmte Handlungen eine bestimmte Strafe *angedroht ist*, sofern diese als *Verbrechen* gegen andere Personen oder gegen die Gemeinschaft auf (im Prinzip) allen Beteiligten bekannte Weise *markiert* sind. Jeder ‚Verbrecher' weiß, was er tut. Er weiß zumeist auch, mit welchen Sanktionen er zu rechnen hat. Und er ‚will' oft sogar, dass sich wenigstens die anderen an die sanktionsbewehrten Regeln halten, da er sonst nicht von ihnen profitieren könnte. So ‚lebt' z. B. der Dieb vom Eigentum anderer. Er selbst will keineswegs, dass man ihm alles wegnimmt. Analoges gilt für den Räuber oder Mörder: Er ‚will' keineswegs, dass ihm ein Gleiches geschehe. Eben daher kann Hegel leicht ironisch, also dialektisch, sagen, dass der Verbrecher im Vollzug seiner Tat schon der angedrohten Strafe *zugestimmt* hat. Dieser Gedanke ist nicht weit entfernt von Kants Überlegungen zur Kohärenz des allgemeinen Urteilens und Redens mit dem eigenen Handeln.

Die ‚schöne Seele' nun, die nicht in der Lage ist, von der bloßen Zeitdifferenz zwischen Tat und Sanktionsfolge zu abstrahieren, wird den verurteilten jungen Mann bedauern.[11] Und doch gehört es zur personalen

10 Friedrich Nietzsche, *Also sprach Zarathustra II*, *Von der Erlösung*, KSA 4 = *Kritische Studienausgabe 4*. Hg. V. Giorgio Colli und Mazzinos Montinari, Berlin, de Gruyter, 1967 und 1988, 180.

11 Vgl. dazu auch Hegels wunderbaren Text „*Wer denkt abstrakt*" (1807), in: G.W.F Hegel, *Jenaer Schriften 1801-1807* = Hegel Werke Bd. 2, hg. v. Eva Moldenhauer und Karl Markus Michel, Frankfurt/M., Suhrkamp, 1986, 575-581.

Ehre des Verbrechers, dass man ihn als verantwortliche Person und nicht als bloß wegzusperrendes oder einzuschläferndes Tier behandelt. Die ‚moderne' Debatte in der Hirnphysiologie um die Willensfreiheit sollte entsprechend der Gefahr ins Auge sehen, dass die vermeintliche Aufklärung über die Nichtexistenz eines frei geplanten und bewusst ausgeführten Handelns uns in ein geradezu archaisches Denken zurückführt, sozusagen in eine rein utilitarische Sicherheitspolitik der Behandlung von Tätern wie lästige Dinge.

5. Zwei Grundprinzipien des Rechts

Eine nicht barbarische Rechtspraxis setzt nun zunächst das folgende erste Grundprinzip des Rechts voraus:

Nulla Poena Sine Lege.

Das so natürlich verkürzt artikulierte Prinzip enthält implizit schon die folgenden, nicht voll mit-explizierten, Momente. Erstens können nur Handlungen, also z.B. keine Widerfahrnisse oder unkontrollierten Reaktionen, ein Verbrechen, *crimen*, darstellen. Das zweite Moment ist das schwierige, hier auch nicht weiter diskutierte Prinzip, dass *jede* Handlung unter die Bewertungsformen des Ethos, der Sittlichkeit, spezieller der freien Moral und des positiv gesatzten Rechts fällt.[12] Drittens ist alles erlaubt, was nicht verboten ist. Viertens müssen Strafen angedroht werden. Nur angedrohte Strafen dürfen vollzogen werden. Ja, der zentrale begriffliche Unterschied zwischen Rache und Strafe liegt gerade an dem Moment der *Straf-Androhung*. Nietzsche übersieht das vollständig. Strafe ist also Ausführung einer öffentlich angedrohten und als solche bekannten Sanktionsfolge für ein Tun, das sich nicht an die Rechtsnormen hält. Strafe setzt eben daher die bewusste und verantwortlich handelnde Erfüllung der Bedingungen der Strafwürdigkeit durch den Täter voraus, wozu gehört, dass der Täter weiß oder wissen müsste, dass sein Tun strafwürdig ist, zumeist auch, dass er es selbst an sich oder im Allgemeinen als strafwürdig anerkennt. Nach einer Verurteilung *müssen* die Strafen dann aber auch, fünftens, vollzogen werden. Denn Drohungen können sonst nicht wirksam werden. Sie würden zu bloßem Gerede. Das freilich haben viele der von Hegel in seinen Überlegungen summarisch diskutierten Rechtswissenschaftler, besonders Paul Feuerbach, durchaus klar gesehen.

Falsch wäre auch, wenn nur manche ‚bestraft' würden. Die so genannte Strafe würde dann zu rein zufälliger *Abschreckung* und damit aus der Sicht der ungleich behandelten Einzelpersonen zu einem ‚Unrecht'. Es gibt im Rechtssystem insbesondere keine Erlaubnis, eine Person

12 Zu *ethos* und *ēthos* vgl. auch GW 14.2; 721.

einem vermeinten *Gemeinwohl* oder ‚dem Volk' zu *opfern*. Das bedingt auch schon, dass niemand bloß zur Abschreckung, etwa gar für reine *Widerfahrnisse* oder bloß für unwillkürliche *Reaktionen*, ‚bestraft' werden darf, wobei der Übergang von unkontrollierbarem zu bloß schlecht kontrollierbarem Verhalten ein schwieriges Kontinuum darstellt.

In jedem Fall gilt: Wenn der Machthaber, sagen wir der Großkönig, jemanden ‚bestraft', weil er ihm ‚zufällig' oder ‚allzu sorglos' auf die Zehen getreten ist, dann hat das mit Recht nichts zu tun, auch nicht, wenn der Hohe Rat erklärt, es sei besser, wenn einer möglicherweise ungerecht verurteilt wird, als wenn das ganze Volk Schaden leide.

Das damit erläuterte Prinzip *Nulla Poena Sine Lege* ist also logisch begründet darin, dass wir durch allgemeine Strafandrohung die ‚rationale' Entscheidung des Handelnden beeinflussen, also die erwartete Auszahlungsmatrix verändern wollen. Der Gesetzgeber ist Vertreter dieses Wir. Die Exekutive ist die Institution der Durchsetzung der Gesetze. Das gesamte Verfahren funktioniert nur, wenn der potentielle Täter, wie schon gesagt, erstens *weiß*, mit welchen Folgen er zu rechnen hat, und zweitens im Grundsatz die gesetzlichen Normen anerkennen kann, zugleich auch wissen kann und wissen muss, dass er sie eben deswegen zumindest im Allgemeinen schon empraktisch *mit-will*, was immer er verbal sich und anderen vormachen mag. Das ist der Grund, warum Hegel sagen kann, dass der Täter die Strafe *will*, ohne dass er sie sich *wünscht*.

Das Prinzip, dass Strafe Gesetze voraussetzt, ergibt sich also logisch aus der Institution der Sanktionsdrohung: Diese kann nur ‚wirken', wo der Handelnde frei handeln kann und wo wir die angedrohten Folgen auch eintreten lassen.

Die Natur hört auf keine Sanktionsdrohung. Strafandrohungen betreffen nur handelnde Personen. Und sie werden von handelnden Personen erlassen, freilich nicht so, wie der Räuber jemanden mit vorgehaltener Pistole ‚zwingt', sein Geld herauszugeben. Hegel erkennt daher alle straftheoretischen Kommentare als zumindest irreführend, die von einer *Abschreckung* in Strafandrohungen sprechen, und zwar sowohl dort, wo die vorgängige *Anerkennung* der durch die Sanktion geförderten Kooperationsform ausgeblendet bleibt, als auch dort, wo der Adressat der Strafandrohung mit einem *abrichtbaren Tier* verglichen wird.

Es gibt natürlich ganz verschiedene Verfahren, die Einzelakteure dazu zu bringen, sich an erwünschte kooperative Normen zu halten. Je mehr Mehrwert der Staat in einem modernen Staat über Steuern abschöpft, desto mehr kann er z.B. durch positive Incentives wie Steuerreduktionen und damit ohne das primitivere Mittel des rechtlichen Verbots (oder Gebots) bewirken. Im § 218 der Rechtsphilosophie sieht Hegel außerdem, dass die „ihrer selbst sicher gewordene Macht der Gesellschaft die äußerliche *Wichtigkeit* der Verletzung" des Rechts durch ein Verbrechen „*herunter setzt*". Das heißt, in schwachen Staaten, besonders aber in sozialstaatlich schwachen Staaten, sind die Strafen härter. Das ist ein interessanter Satz, der z. B. auch etwas über die Entwicklungsdifferenz der europäischen Staaten im Vergleich zu den USA aussagt. „Ein Strafkodex gehört darum vornehmlich seiner Zeit und dem Zustand der bürgerlichen Gesellschaft in ihr an" (a.a.O.). Vieles, was heute zu bloßen Geld-, Bewährungsstrafen oder zeitlich recht befristeten Gefängnisstrafen führt, wurde früher und wird noch heute an anderen Orten mit ‚Zuchthaus', ‚Lagerhaft' oder gar mit dem Tod geahndet.

Das Basisprinzip des formellen Rechts mit seinen Sanktionsandrohungen bei Rechtsverletzungen ist der *freie Wille*. Nur auf seiner Grundlage können Rechtssetzung und Sanktionsdrohung das sozialkooperative Handeln oder Verhalten der Personen beeinflussen. Daher gilt das folgende zweite zentrale Rechtsprinzip:

Ultra Posse Nemo Obligatur.

Nur wenn ein Täter etwas frei tut, was er auch unterlassen kann und nach dem Gesetz unterlassen muss (etwa Raub oder Mord), oder wenn er etwas nicht tut, was er frei tun kann und nach dem Gesetz tun muss (etwa im Fall einer zumutbaren unterlassenen Hilfeleistung), kann er für die Tat (gegebenenfalls strafrechtlich) verantwortlich gemacht werden.

Der falsche spekulative Glaube an eine kausale Prädeterminiertheit allen zukünftigen Geschehens entzieht diesem Grundprinzip des Rechts den Boden. Dieser ‚orientalische' Fatalismus, wie er noch die Prädestinationslehre Augustins, Luthers und Calvins in ihren transzendenten Gnadenlehren beeinflusst, erlebt im gegenwärtigen physikalistischen (und biologisch-physiologischen) Prä-Determinismus eine Art Wiederauferstehung. Er *bleibt* dabei aber ein gerade aus der Sicht aufgeklärter Logik rein ‚barbarischer' Aberglaube. Während er früher durch die willkürliche Vorstellung der Allmacht Gottes ‚begründet' wurde, wird er heute durch die bloß scheinbar weniger falsche Vorstellung von einem durchgängigen Kausalnexus der Welt an sich ‚begründet'. Dabei übersieht man die von Kant entdeckte, allerdings nicht hinreichend radikal durchdachte, Differenz zwischen unseren Weltmodellen, in denen allein gesetzmäßige Kausalregeln ihren Sitz haben, und der realen Welt, an die wir unsere Kausalvorstellungen anpassen – soweit es eben geht.

Zu glauben, dass ein bloßer Laut oder Text wie die Beschreibung von Straftatbeständen und mögliche Sanktionsdrohungen *physikalisch* auf die Personen und d. h. auf ihr ‚Verhalten' in der Zukunft *wirken* könnten, ist allerdings noch phantastischer als der Glaube an die Auferstehung der Toten. *Wirken* können allgemeine Sanktions-Drohungen offenbar nur, wenn man sie *versteht* und wenn man frei *handeln* kann. Deswegen kann man trivialerweise Tieren nicht über präsentische Gesten hinaus drohen. Wer diese m. E. glasklaren materialbegrifflichen und daher nicht einfach empirischen Bedingungen des Vorherwissens von angedrohten Sanktionen zusammen mit anderen zu erwartenden Folgen als Momente der möglichen Bestimmung einer Entscheidung nicht (an)erkennt, kann den Begriff des Handelns nicht verstehen – und umgekehrt. Analoges gilt natürlich auch für alle positiven Incentives und für alle subjektiven oder gemeinsamen Zwecksetzungen.

Es ist am Ende einfach eine tautologische begriffliche Regel, dass jedes Handeln frei ist im Kontrast zu einem bloß automatisierten Verhalten oder einem Widerfahrnis. Es ist ein absolut banales und basales Wissen, dass die Welt des Handelns disjunkt ist zur Natur handlungsfreien Geschehens.

6. Begriffliche Analyse der Rechtmäßigkeit von Strafe

Hegel selbst notiert in seinen privaten Bemerkungen zur Rechtsphilosophie, dass es auch an mangelndem Humor und einer ehrsüchtigen oder leicht beleidigten Unduldsamkeit gegen jedes kritische Wort liegt, wenn manche Leser die besondere Art und Diktion seiner Überlegungen insgesamt, die zur Philosophie des Rechts insbesondere, schon im Ansatz gar nicht begreifen. ‚Positive Rechts-Gelehrte' und (Rechts-)Historiker wie Gustav Hugo (GW 14,2; 289) verstehen die besondere Fragestellung einer Philosophie des Rechts „gar nicht – werden ganz bös und verdrießlich darüber – Denn diß ist ein ganz anderer Boden, worauf man die Sache verpflanzt, – Boden des Begriffs" (GW 14,2; 303). Umgekehrt beklagt sich nicht nur Hugo in seiner polemischen Rezension von Hegels Rechtsphilosophie im Göttingischen Gelehrten Anzeiger (vgl. GW 14,3; 1229-1232) darüber, dass z. B. nicht einzusehen sei, warum „die Ehe unter Blutsverwandten als ‚dem Begriffe zuwider' verworfen" werden müsse (GW 14,3; 1232). Hugo bezieht sich dabei auf Grundlinien § 168 = GW 14,1; 150: „Weil es ... diese ... eigene Persönlichkeit der beyden Geschlechter ist, aus deren *freyen Hingebung* die Ehe hervorgeht, so muß sie… geschlossen werden… aus getrennten Familien". Hegel begründet hier das Verbot der Geschwisterehe nicht über ein Inzesttabu, also über unsere Erfahrungen mit Degenerationen bei Inzucht, auch nicht über ein willkürliches positives Recht, sondern unter Verweis auf Idee oder Form der Institution der Ehe als freier Gründung einer neuen Familie, in der man den „bekannten und in aller Einzelheit vertrauten" (GW 14,1; 149) Kreis der eigenen Familie, also der Geschwister, überschreiten muss. Hegel sagt also, die Praxisform der Ehe, nicht irgendein Naturgesetz verlange, dass die Geschwisterehe ausgeschlossen sei. Dem entsprechend schließt *der Begriff* der Ehe, da er ja nur die Idee explizit artikuliert, die Ehe zwischen Nahverwandten aus. Hugo dagegen versteht den ‚Begriff des Begriffs' ganz offenbar wie die meisten Hegelleser als *willkürliche Verbaldefinition.* Die Ehe wiederum betrachtet er als rein durch positivrechtliche Gesetze bestimmt. Er wundert sich daher, warum *das bloße Wort* „Ehe" es verbieten solle, dass die Geschwisterehe rechtlich verboten werde – und missversteht eben damit den Gedankengang Hegels.

Hegels Unternehmung einer Reflexion auf die ‚philosophischen' Grundlagen des Rechts zielt explizit darauf ab, auch dem Laien, der denken kann, die Gründe für die Praxisform von Staat und Recht, dabei auch die Zentrierung von Sanktionsmacht und die Spezialisierung von Funktionsträgern im Rechtssystem und der Rechtspflege einsehbar zu machen. Dabei greift er mit völligem Recht die Arroganz selbsternannter Experten an, und zwar sowohl in der Religion (es ist rein ironisch, wenn er schreibt „Layen verstehen nichts von Religion", GW 14,2; 305) als auch in den Institutionen und den Wissenschaften. Die begrifflichen Überlegungen der Philosophie werden ja bis heute als angeblich nicht genügend ‚empirisch' informiert angesehen. Oder man weist auf einen angeblichen Mangel an Sachwissen hin, ohne zu bemerken, dass ein Wissen über die Gesamtform einer Praxis wie etwa auch ein Wissen über die Form einer Kartographie von ganz anderer Art ist als das Wissen über einen speziellen Bereich, sagen wir, das Amazonasgebiet. Hegel reagiert auf Hugos beleidigte Form der Kritik an einem philosophischen Zugang zum Recht und zugleich gegen die Überschätzung von Spezialwissen, wo er schreibt: „solche Juristen sehen die übrigen Menschen als ihre Rechtsleibeigenen an" (GW 14,2; 305).

Hegels ‚Theorie' der Strafe im Sinne einer begrifflichen Explikation ihrer wesentlichen Momente im Kontrast zu Rache und Ausführung eines willkürlichen und an Einzelpersonen gerichteten Befehls, nachdrücklich gemacht durch eine zugehörige bedingte Drohung, findet sich nun in den „Grundlinien" §§ 91-103:[13]

„§ 91. (…) Es kann nur der zu etwas gezwungen werden, der sich zwingen lassen will." Das ist der zentrale Merksatz Hegels gegen die leider sogar auch noch bei Feuerbach zu findende Vorstellung, Strafandrohungen ‚wirkten' auf Personen ‚psychisch' und damit effizienzkausal ein und schafften es so, sie von einem Verbrechen abzuhalten. Drohungen als Sprechhandlungen ‚wirken' gar nicht ‚kausal' (im Sinne einer *causa efficiens*), können aber Folgen haben für das freie Urteilen und Handeln der Personen.

„§ 92. (…) Gewalt oder Zwang ist …, abstract genommen, *unrechtlich*." An sich oder im Allgemeinen ist *jede* Ausübung von Zwang, in dem die „physische … Seite unter die Gewalt anderer gebracht wird", wie § 91 sagt, *widerrechtlich*, gerade weil er die *Frei-*

13 Vgl. dazu GW 14,1; 88-96.

heit des anderen zerstört, ihn als bloßen Leibkörper und nicht als frei handelnde Person behandelt.

„§ 93. Der Zwang hat *davon*, daß er sich in seinem Begriffe zerstört, die reelle Darstellung darin, *daß Zwang durch Zwang aufgehoben wird*; er ist daher nicht bloß bedingt rechtlich, sondern nothwendig, – nemlich als *zweyter* Zwang, der ein Aufheben des ersten Zwangs ist.“

Wenn wir sagen und sehen, dass privat ausgeübter Zwang erstens eine Art Gegenzwang natürlich hervorruft – ich *wehre* mich instinktiv, wenn mich z. B. jemand *festhält* – und zweitens in einem entwickelten Staat durch explizite rechtliche Androhungen von Gegenzwang ‚aufgehoben‘ wird, dann zeigt sich eben darin der Sinn und die Wahrheit des Satzes, dass sich ein Zwang in seinem Begriff zerstört. Eine Institution als Form der Kooperation, die Zwang duldet, also die Willkürfreiheit anderer beliebig mit Gewalt (oder dann auch vermittelt durch Gewaltandrohungen) einzuschränken erlaubt, kann gerade im Interesse der Freiheit der Personen selbst nicht geduldet werden. Daraus ergibt sich, und eben das ist das zentrale Argumentationsziel, dass sich die zweit- bzw. metastufige Androhung von Zwang gegen einen möglichen ‚ersten Zwang‘, also gegen das Verbrechen als den Bruch anerkannter Normen kooperativer Freiheit im Sinn von § 95, kategorial von einem erststufigen Zwang unterscheidet – und nicht etwa bloß deswegen, weil er zeitlich als ‚Reaktion‘ gegen eine Aktion nachfolgt. Der erste Zwang ist *privat*, der zweite *öffentlich*. Im ersten Fall handeln Einzelpersonen, im zweiten die *civitas*, der Staat.

„§ 94. Das abstracte Recht ist *Zwangsrecht*, weil das Unrecht gegen dasselbe eine Gewalt gegen das *Daseyn* meiner Freyheit in einer *äußerlichen* Sache ist; die Erhaltung dieses Daseyns gegen die Gewalt hiemit selbst als äußerliche Handlung und eine jene erst aufhebende Gewalt ist.“

Der Titel „das abstrakte Recht“ steht bei Hegel grundsätzlich für den allgemeinsten Rahmen jeder Rechtsordnung. Ein rein phänomenologischer Zugang zu Gesetz und Recht wie im Standardwerk der analytischen Rechtsphilosophie des 20. Jahrhunderts in Großbritannien, H.L.A. Hart, *The Concept of Law*[14], argumentiert (z.B. p. 26ff und pas-

14 H.L.A. Hart, *The Concept of Law*, 2nd edn., Oxford, Clarendon, 1964 (1st edn. 1961).

sim) zugunsten der phänomenalen Vielfalt von Normen mit diversen sozialen Funktionen. Es wird eine vermeintliche Angleichung von Gesetzen des Entitlements oder Empowerments an ein Strafrecht kritisiert. Während Strafgesetze bedingte Sanktionen androhen, weisen Rechte der Ermächtigung bestimmten Personen eine gewisse soziale Macht zu, die sogar darin bestehen kann, Gesetze oder andere Anordnungen zu erlassen und durchzusetzen. Hegel dagegen argumentiert ganz offenbar für die von Hart vehement abgelehnte bloße Theorie oder falsche Idee, nach welcher das Strafrecht das Skelett aller Legalität und das Rückgrat staatlicher Ordnung ist. Hart hält es für grotesk, den Begriff der Sanktion so auszuweiten, dass auch der Verlust eines hohen sozialen Status darunter falle. Für Hegel steht das Strafrecht im Zentrum des abstrakten Rechts, weil alle Ermächtigungsrechte nur vor dem Hintergrund einer allgemein anerkannten Sanktionsordnung möglich sind. Während also Hart wie alle anderen deskriptiv-phänomenalen oder empirisch-historischen Zugänge eine flache Darstellung des begrifflichen Nebeneinanders von Strafrecht, Verwaltungsrecht und bürgerlichem Recht zur Folge hat, besteht Hegel darauf, dass es hier eine methodische Ordnung gibt: Das abstrakte Recht und in ihm ein grundsätzlich allgemein anerkanntes Strafrecht bildet die transzendentale und d. h. präsuppositionspraktische und voraussetzungslogische Grundlage von jedem Machtzuweisungsrecht und den entsprechenden Gesetzen. Gäbe es keine Sanktionsmacht des Staates, dann gäbe es z. B. nicht die Institution des Eigentums, die sich als gesetzlich geregelte Verfügungsmacht als solche ganz wesentlich von einem vorrechtlichen Besitz einer Habe unterscheidet, die im basalsten Sinn beim Ort oder dem Ding, auf dem ich sitze, oder dem Gegenstand, den ich in der Hand halte, beginnt.

Ein Verbrechen ist Bruch einer anerkannten Ordnung und ist daher in gewissem Sinn analog zu einem Kategorienfehler. Klassisches Beispiel eines solchen Fehlers ist „Cäsar ist eine Primzahl". Ein solcher Satz wird traditionell als unendlich falsches Urteil bezeichnet. Das muss man wissen, um zu verstehen, warum Hegel sagen kann, ein Verbrechen sei „ein *negativ-unendliches Urteil*" (§ 95). Damit drückt er erstens aus, dass in der verbrecherischen Tat vom Täter implizit mitbehauptet wird, die Tat sei für ihn in Ordnung. Diese Behauptung erweist sich aber sofort als unendlich falsch, weil es gar keine Richtigkeit bloß für mich gibt.

Daraus ergibt sich, dass der Verbrecher im Verbrechen seine eigene *Rechtsfähigkeit* im Sinne der Kompetenz, überhaupt weiter mitzuurteilen, was rechtlich und moralisch gut ist, negiert. Das wiederum heißt, dass der Verbrecher kein Recht mehr hat, über Recht und Unrecht zu urteilen, gerade weil er die Formen und Normen dieses Urteilens in seinem Tun sozusagen mit Füßen tritt. Damit stellt sich der Verbrecher selbst außerhalb des Kreises der moralisch-rechtlichen Personen auf.

Ein Verbrecher kann in den Kreis der kompetenten Rechtspersonen nur dadurch wieder aufgenommen werden, dass er das Unrichtige seiner Handlung erkennt und die Strafwürdigkeit seines Tuns anerkennt. Es ist nun gerade der Vollzug der Strafe, in welchem wir ihn als Person wieder anerkennen: Wir nehmen damit die Person ‚an sich', also allgemein betrachtet, wieder in den Kreis der freien Personen auf. Im (hoffentlich seltenen) Fall der Todesstrafe geschieht dies freilich rein symbolisch, in einer Art Zuschreibung der personalen bzw. bürgerlichen Würde *trotz* des Verbrechens *nach* Vollzug der Strafe.

„Daß die Strafe darin als *sein* eignes *Recht* enthaltend angesehen wird, darin wird der Verbrecher als Vernünftiges (also als Vernunftwesen) geehrt" (GW 14,1; 93). Wer sich der Verurteilung entzieht, etwa auch durch Selbsttötung, verdient diesem Gedanken zufolge übrigens auch nicht die postume Anerkennung als humane Person, erst recht nicht, wenn sein Verbrechen gegen die *humanitas* horrend gewesen ist. „Diese Ehre wird ihm (sc. dem Verbrecher) nicht zu Theil, wenn aus seiner That selbst nicht der Begriff und der Maßstab seiner Strafe genommen wird; – eben so wenig auch, wenn er nur als schädliches Tier betrachtet wird, das unschädlich zu machen sey, oder in den Zwecken der Abschreckung oder Besserung" (GW 14,1; 93).

Beccarias Argument, man könne die Anerkennung der Todesstrafe für Kapitalverbrechen nicht annehmen, also dass „im gesellschaftlichen Vertrage die Einwilligung der Individuen, sich tödten zu lassen, enthalten sei" (GW 14,1; 92) kontert Hegel erstens mit der Ablehnung der hobbesianischen Prämisse. „Allein der Staat ist überhaupt nicht ein Vertrag…, noch ist …die *Sicherung* des Lebens und Eigenthums der Individuen als Einzelner so unbedingt sein substantielles Wesen" (a.a.O.). Der Staat als die *politeia* und *civitas*, die uns als allgemeine Verfassung menschlicher Gemeinschaftlichkeit allererst zu Personen mit Wissen und freiem Können und zu Bürgern mit positiven Rechten des Entitlements – auch als Amtsträger – in gesellschaftlichen Kooperationen macht, ist „das Höhere“, welches unter gewissen Umständen am Ende doch die Aufopferung von Eigentum und Leben fordern kann, und zwar nicht bloß, wenn eine entsprechende Strafe gerechtfertigt ist, sondern auch im freien Engagement des Bürgers für die Bürgerschaft bzw. den Staat, etwa im Falle irgendwelcher allgemeiner Gefährdung. Wie oben aber schon gesagt wurde, darf dabei nicht einfach ein Einzelner ‚geopfert‘ werden. Aus der Überlegung folgt noch keine Rechtfertigung der Todesstrafe, wohl aber die Widerlegung Beccarias, der nur zufällig mit unserer heute allgemeinen Ablehnung der Todesstrafe übereinstimmt und daher als modern gilt.

Dabei sind auch nach Hegel alle Vorstellungen unsinnig, die mit einer scheinbar gleichen ‚Quantität‘ von Verbrechen und Strafe operieren, wie etwa die Drakonische Regel, dass jeder Mord mit dem Tode bestraft werden soll (§ 96; vgl. dazu auch Enz. § 529). Denn die *Höhe der Strafe* ist, wie viele kluge Strafrechtler lange vor Hegel schon sehen, nur durch die *allgemeinen* Notwendigkeiten einer das freie Handeln der Person zureichend schützenden allgemeinen Strafandrohung gegeben. Eine gefestigte Bürgerschaft und ein ‚starker‘, d. h. von allen oder den meisten anerkannter Staat kann sich, wie Hegel erklärt, völlig liberale Gesetze leisten. Die konkrete Ausprägung der allgemeinen Institution der Strafandrohung als Schutz der Gesetze in der Rechtspflege ist daher immer auch abhängig von dem, was eine Gesellschaft ohne Gefahr für das Bestehen ihrer Freiheitsformen an Abweichung vom allgemeinen Recht mehr oder minder tolerieren *kann* (§ 218). Im Fall der Kriegsdienstverweigerung von Quäkern und anderen derartigen Gruppen zeigt Hegel, dass sie trotz der damit entstehenden partiellen Ungerechtigkeit manche ‚falsche‘ Meinung und Haltung auch tolerieren *sollte* (§ 270).

„§ 97. Die geschehene Verletzung des Rechts als Rechts ist zwar eine *positive* äußerliche *Existenz*, die aber *in sich* nichtig ist.“ Diese Nichtigkeit manifestiert sich gerade darin, dass die Verletzung aufgehoben werden muss – ich würde sagen: wie eine Krankheit –, und zwar durch eine „in die Existenz tretende Vernichtung jener Verletzung“. Im Falle eines Eigentumsdelikts geht es dabei zunächst nur um Ersatz und zivile Genugtuung (§ 98).

Die Verletzung des Rechts aber als des *an sich* seienden gemeinsamen Willens ist ebenfalls nichtig, verneint das Recht und den gemeinsamen Willen, und muss deswegen noch auf andere Weise als durch bloße Kompensation aufgehoben werden (§ 99).

„Die *positive Existenz der Verletzung* ist nur als der *besondere Wille des Verbrechers*." Das heißt, der Verbrecher will bzw. anerkennt *an sich* das Recht, das er kennt, aber *als Einzelner* nimmt er sich auf besondere Weise aus. Er ist damit der typische Trittbrettfahrer. Der Gedanke ist durch und durch kantianisch. Der Unterschied zu Kant ergibt sich ‚nur' daraus, dass die geschichtlich tradierte Sittlichkeit und als Teil von ihr das positive Recht in Staat und der Gesellschaft, in denen wir zu Bürgern und freien Personen mit den entsprechenden Handlungsmöglichkeiten werden, bei Hegel als längst schon anerkannt eingesehen sind. Das aber ist ein zentraler Unterschied. Denn Kant teilt im Grundsatz die höchst problematische Ansicht einer ebenso subjektivistischen wie skeptizistischen ‚Aufklärung'. Nach dieser scheint es so, als hätte die Tradition unserer institutionellen Formen und sittlichen Normen an sich keinen *direkten Anspruch* auf meine Anerkennung, da es ja, wie man meint, auch geschehen kann, dass *Traditionen unvernünftig* sind. Demnach müssten sie sich erst vor meinem kritischen Urteil als vernünftig beweisen. Das aber könnte bestenfalls bedeuten, dass sie mir kontingenterweise einleuchten. Man meint so z.B., die formelartigen Prinzipien und gesetzesartigen Ausdrucksformen des Ethos bedürften zur Anerkennung sozusagen meiner nickenden Zustimmung oder sie könnten durch einfaches Kopfschütteln aufgehoben werden. Das aber ist ein völlig falsches Bild dessen, was es heißt, dass ethische Normen und rechtliche Gesetze *gelten* und dabei auch längst schon je von uns im Allgemeinen *anerkannt sind*, unabhängig davon, welchen Kommentaren zu ihnen wir im Besonderen unsere Zustimmung geben oder wie je ich im Einzelnen handle.

Während Paul Feuerbach die Institution der Strafe dadurch rechtfertigt, dass nur über sie Strafandrohungen motivationell wirksam werden (GW 14,1; 92), betont Hegel, dass auch Feuerbach, wie alle anderen von ihm kommentierten Begründungen der Strafe, die Begründung „voraussetzen, daß das Strafen an und für sich *gerecht* sei." Hegel fährt (a.a.O.) so fort: „In dieser Erörterung kommt es allein darauf an, daß das

Verbrechen und zwar nicht als die Hervorbringung eines *Uebels*, sondern als Verletzung des Rechts als Rechts aufzuheben ist.“

Die Bezugsstellen, auf die Hegels Überlegungen sozusagen reagieren, sind in GW 14,3; 1108-1129 schön zusammengestellt. Es finden sich Bezüge zu Platon, Seneca, Fichte, Thibaut, etc. Dabei sind besonders interessant Paul Johann Anselm Feuerbach, Ernst Ferdinand Klein, ferner Grolman, *Grundsätze der Criminalrechtswissenschaft* und Beccaria, *Von Verbrechen und Strafen.* Obwohl sich Hegel, wie der § 99 zeigt, mit dem Stand der damaligen Diskussion um eine Begründung des Rechts nicht zufrieden zeigt, befindet sich die Debatte, auf die er sich bezieht, durchaus schon auf recht hohem Niveau. Das zeigt insbesondere ein Vergleich zu Hart. Dieser motiviert seine Überlegungen in *The Concept of Law* gleich zu Beginn (p. 1-2) über die offenbare Unzulänglichkeit gnomischer Orakel der folgenden Form: „‘What officials do about disputes is… the law itself‘ (Llewellyn, The Bramble Bush, 2nd edn. 1951, p. 9); ‚The prophecies of what the courts will do... are what I mean by the law‘ (O.W. Holmes, ‘The Path of the Law’, in *Collected Papers,* 1920, p. 173); Statutes are ‚sources of Law … not parts of the Law itself‘ (J. C. Gray, *The Nature and Sources of Law*, 1902 p. 276); ‚Constitutional law is positive morality merely‘ (Austin, *The Province of Jurisprudence Determined*, 1832, Lecture VI, 1954 edn., p. 259); ‚One shall not steal; if somebody steals he shall be punished. …. If at all existent, the first norm is contained in the second norm which is the only genuine norm. … Law is the primary norm which stipulates the sanction’, Kelsen, *General Theory of Law and State* 1949, p. 61.” Die Aporien dieser bedauernswert schwachen Formulierungen führen Hart, wie lange zuvor schon Hegel, zu den folgenden Fragen: „How does law differ from and how is it related to orders backed by threats? How does legal obligation differ from, and how is it related to, moral obligation? What are rules and to what extent is law an affair of rules?” (p. 13).

7. Zur Logik der Freiheit

Der methodische Fortschritt in der Philosophie, wie er sich etwas allzu selbstbewusst in der Rede von einer sprachkritischen Wende oder einem *linguistic turn* in der analytischen Philosophie des 20. Jahrhunderts äußert, sieht viel größer aus, als er in Wirklichkeit ist. Denn der methodische Kern der Philosophie im engeren Sinn ist schon seit Platon *dialektikē technē*, also Technik des Sprachverstehens. Damit wird Platon als Nachfolger des Parmenides zum Entdecker der besonderen Sphäre einer nicht bloß formalistischen *Logik* des Wissens, in der sich die materialen Seinsformen in den Gestalten von kategorial verschiedenen Ausdrucksformen und bedingten materialbegrifflichen Inferenzen spiegeln. Zu dieser allgemeinen Logik gehört dann auch weit mehr als bloß der formale Kalkül der Syllogistik, nämlich die gesamte Meta-Physik und Meta-Ethik als kategoriale Analyse diverser Seins- bzw. Handlungsvollzüge einerseits, ihrer gegenstandsartigen Thematisierungen in den Natur- und Geisteswissenschaften andererseits. Hegels so genannte Realphilosophie, die Philosophie der Natur und des Geistes und, als deren Teil, des Staats und des Rechts, sind daher bloß besondere Anwendungen seiner allgemeinen Einsichten in die Bedeutung logisch-begrifflicher Analyse. Eine solche ist nie rein formal, noch nicht einmal rein klassifikatorisch oder taxonomisch, ohne dass sie deswegen empirisch im Sinne der historischen Erzählung von einzelnen oder vielen Anekdoten *a posteriori* würde. Es ist daher der durch und durch logische Standpunkt in Hegels Rechtsphilosophie unbedingt angemessen zu begreifen.[15]

Hegels Begriffsanalyse erkennt und anerkennt dabei zunächst den absolut grundlegenden Kontrast von Natur und Welt. Alles, was es gibt,

15 Philosophie in Hegels Sinn ist sogar, zum Leidwesen seines früheren Freundes und späteren Gegners Schelling, nichts als das logische Selbstbewusstsein jedes Wissens. Ohne sie fällt jede Wissenschaft in eine bloß partiell in ihrer Konstitution und ihrem Sinne begriffene Technik zurück: Ohne Philosophie verhält sich eine solche Technik zu echter Wissenschaft wie der Ingenieur als bloßer Sachbearbeiter zum Technikwissenschaftler oder auch wie die praktisch durchaus großartige babylonische und ägyptische Rechen- und Messkunst (mit ihrem 60- und 360-er System samt dem Gebrauch des Näherungswertes 3 für die Kreiszahl) zur post-thaletischen, und das heißt, *formentheoretischen* Mathematik.

gibt es in der einen und einzigen Welt als Gesamtbereich des Seins und des Seienden. Aber die Natur ist als Bereich des *handlungsfreien* Geschehens von der Handlungswelt als dem Reich des Geistigen zu unterscheiden. Alle szientistischen, z. B. auch physikalistischen, materialistischen oder biologistischen Naturalismen unterscheiden hier einfach nicht. Diese Nichtunterscheidung ist wesentliche Ursache für den Aberglauben des (Prä-)Determinismus. Begründet wird die Nichtunterscheidung durch eine angebliche Mystifizierung des *Kontrastes* von *Natur* und *Geist*, die es sicher gibt, leider aber auch im sogenannten Naturalismus selbst. Das Reich des Geistes ist ja einfach das Reich allgemeiner *Bildung* und umfasst alles *kausale Erklären* und alles technisch-instrumentelle *Handeln*, nicht nur jede moralisch oder rechtlich geleitete *Kooperation*. Zum Reich des Geistes gehört also alles *Wissen*. Der Geist ist sozusagen alles, was in den später so genannten *Geistes*wissenschaften unter Einschluss der Sozial- und Staatswissenschaften als Gesamtbereich freien individuellen oder gemeinsamen Handelns thematisiert wird. Das Geistige ist das Gesamt humaner *Kultur*. Der Overkill der Naturalisierung in Reaktion auf eine ontisch-transzendente Geistesmetaphysik und theologische Seelenlehre besteht darin, das Geistige jetzt bloß noch als Form der neurophysiologischen Gehirnsteuerung der Einzelwesen auszudeuten.

Das Adjektiv „frei" oder das Überschriftswort „Freiheit" stehen dabei für die Form einer frei gewollten und ausgeführten Handlung. Das betrifft auch *kollektive* Intentionen oder Wir-Wollungen gemeinsamer (kooperativer) Handlungen. „Wille" und „Freiheit" sind daher in gewissem Sinn ko-extensional zu „Handlung" – nämlich nach der folgenden ‚materialbegrifflichen' (‚generischen') Prädikatorenregel: Wer handelt, handelt frei, und es gibt eine Absicht, nach der er handelt. Der *Kürwille* heißt frei in dem Sinne, als schon die Anerkennung *eines selbstgesetzten Vorsatzes* Ausdruck der Intention eines freien Tuns ist. Die *Willkür* heißt frei weil die handelnde Durchführung oder Unterlassung eines Vorsatzes frei ist.

Der Wille besteht in der *Absicht*, nach der man frei handelt. Die Absicht ist verbal bestimmt durch eine *freie Entscheidung für einen Vorsatz*. Dieser ist die (ggf. leise) Artikulation einer *Handlungsmaxime* nicht bloß des durch Befolgung der Maxime erwünschten *Zieles* oder

Zwecks. Er ist frei ausgewählt aus einer Reihe von alternativen Handlungsmöglichkeiten bzw. Entscheidungsmöglichkeiten und nennt in gewissem Sinn die zunächst ausgewählte *handlungsleitende Maxime*. Eine Maxime ist dabei die das Handeln (bewusst) leitende *generische* Handlung, ihre *Form*. Wenn nun eine Maxime als subjektive Handlungsorientierung aus freien Stücken nicht handelnd realisiert wird, dann sagen wir *post hoc*, dass die vermeintliche Absicht in einen bloßen Wunsch oder Selbst-Wunsch kollabiert. Tiere handeln nicht. Tiere verhalten sich bloß oder tun etwas. Tiere wünschen nicht einmal etwas, sondern sind ihrem Verhalten und Tun bloß durch Begierden und Triebe, kurz: ‚Instinkte' geleitet.

Die so genannte Willensfreiheit, wenn sie von der Handlungsfreiheit unterschieden wird, ist demnach bloß erst die Freiheit des verbalen, vorstellenden *Wünschens*. Dieses geht aber als solches schon weit über die Akzidentalität des *Begehrens* hinaus. In der englischsprachigen und französischen Terminologie ist die Trennung von *desire* als Begierde von propositionalen Wünschen und erst recht von Absichten artikulatorisch unterentwickelt. Hegel besteht mit vollem Recht auf diesen wesentlichen Unterscheidungen. Als Philosoph der Freiheit hält er dennoch Distanz zu jeder liberalistischen Dogmatik, die in einer bedingungslosen ‚Maximierung' der Freiheit der Einzelindividuen ein oberstes Ziel sieht, gerade indem er ein bloß akzidentelles Wünschen von einem nachhaltigen Wollen bei Einzelpersonen und dieses von einem gemeinsamen freien Willen, einer volonté générale, unterscheidet.[16] Im distributio-

16 Enz. § 485: „Diese Einheit des vernünftigen Willens mit dem einzelnen Willen, welcher das unmittelbare und eigentümliche Element der Betätigung des ersteren ist, macht die einfache Wirklichkeit der Freiheit aus. Da sie und ihr Inhalt dem Denken angehört und das an sich *Allgemeine* ist, so hat der Inhalt seine wahrhafte Bestimmtheit nur in der Form der Allgemeinheit. In dieser für das Bewußtsein der Intelligenz *gesetzt* mit der Bestimmung als geltende Macht, ist er das *Gesetz* – befreit von der Unreinheit und Zufälligkeit, die er im praktischen Gefühle und in dem Triebe hat, und gleichfalls nicht mehr in deren Form, sondern in seiner Allgemeinheit dem subjektiven Willen eingebildet, als dessen Gewohnheit, Sinnesart und Charakter, ist er als *Sitte*". § 486: „Diese Realität überhaupt als *Dasein* des freien Willens ist das *Recht*, welches nicht nur als das beschränkte juristische Recht, sondern als das Dasein *aller* Bestimmungen der Freiheit umfassend zu nehmen ist. Diese Bestimmungen sind in Beziehung auf *den subjektiven* Willen, in welchem sie als allgemeine ihr

nellen Fall einer volonté de tous (einer beliebigen Menge von Menschen) wollen alle, also jeder einzelne in der Menge, dass p – was immer p sei. Im generischen Fall (an sich) wollen wir, dass p, in dem Sinn, dass entweder eine Institution mit ihren Repräsentanten und Präsidenten uns vertritt, oder in dem Sinn, dass die Anerkennung des gemeinsamen Wollens durch Aufklärung im Normalfall leicht zu erhalten ist oder zu erhalten wäre.

Dasein haben sollen und allein haben können, seine *Pflichten*, wie sie als Gewohnheit und Sinnesart in demselben *Sitte* sind. Dasselbe, was ein Recht ist, ist auch eine Pflicht, und was eine Pflicht ist, ist auch ein Recht. Denn ein Dasein ist ein Recht nur auf dem Grund des freien substantiellen Willens; derselbe Inhalt ist es, der in Beziehung auf den als subjektiv und einzeln sich unterscheidenden Willen Pflicht ist. Es ist derselbe Inhalt, den das subjektive Bewußtsein anerkennt als Pflicht und den es an ihnen zum Dasein bringt. Die Endlichkeit des objektiven Willens ist in sofern der Schein des Unterschieds der Rechte und der Pflichten. Im Felde der Erscheinung sind Recht und Pflicht zunächst so *Correlata*, daß einem Rechte von meiner Seite eine Pflicht in einem *anderen* entspricht. Aber dem Begriffe nach ist mein Recht an eine Sache nicht bloß Besitz, sondern als Besitz einer *Person* ist es *Eigentum*, rechtlicher Besitz, und es ist *Pflicht*, Sachen als *Eigentum* zu besitzen, d.i. als Person zu sein, was in das Verhältnis der Erscheinung, der Beziehung auf eine andere Person gesetzt, sich zur Pflicht des *anderen, mein* Recht zu respektieren, entwickelt. Die *moralische* Pflicht überhaupt ist in mir als freiem Subjekt zugleich ein Recht meines subjektiven Willens, meiner Gesinnung. Aber im Moralischen tritt die Differenz von nur innerer Willensbestimmung (Gesinnung, Absicht), die ihr Dasein nur in mir hat und nur subjektive Pflicht ist, gegen deren Wirklichkeit ein, hiermit auch eine Zufälligkeit und Unvollkommenheit, welche die Einseitigkeit des bloß moralischen Standpunktes ausmacht. Im Sittlichen ist beides zu seiner Wahrheit, zu seiner absoluten Einheit gelangt, obgleich auch, als in der Weise der Notwendigkeit, Pflicht und Recht durch *Vermittlung* ineinander zurückkehren und sich zusammenschließen. Die Rechte des Familienvaters über die Mitglieder sind ebensosehr Pflichten gegen sie, wie die Pflicht des Gehorsams der Kinder ihr Recht, zu freien Menschen erzogen zu werden, ist. Die Strafgerechtigkeit der Regierung, ihre Rechte der Verwaltung usf. sind zugleich Pflichten derselben, zu strafen, zu verwalten usf., wie die Leistungen der Staatsangehörigen an Abgaben, Kriegsdiensten usf. Pflichten und ebenso ihr Recht an den Schutz ihres Privateigentums und des allgemeinen substantiellen Lebens sind, in dem sie ihre Wurzel haben; alle Zwecke der Gesellschaft und des Staats sind die eigenen der Privaten; aber der Weg der Vermittlung, durch welche ihre Pflichten als Ausübung und Genuß von Rechten an sie zurückkommen, bringt den Anschein der Verschiedenheit hervor, wozu die Weise kommt, in welcher der *Wert* bei dem Austausche mannigfaltige Gestalten erhält, ob er gleich an sich derselbe ist. Aber wesentlich gilt es, daß, wer keine Rechte hat, keine Pflichten hat, und umgekehrt.“

In einer Notiz zum § 10 schreibt Hegel: „Was ist *wahrhafter* Wille; freyer Wille, der … seine Freyheit … will … als sein Daseyn... eben im Recht“ (GW 14,2; 335). Der volle Begriff des Willens lässt sich nicht reduzieren auf ein besonderes Wünschen oder Beabsichtigen. Es geht vielmehr um das Ganze der Ermöglichung eines bewusst selbstbestimmten Lebens, das als solches nicht nur, wie bei Hobbes, die Sicherung des Überlebens gegen mögliche Übergriffe anderer Personen voraussetzt (vgl. dazu auch „jeder kann den anderen umbringen“: GW 14,2; 479), sondern einen Rahmen eines gemeinsamen Wissens und Könnens. Dieses ist längst schon das Ergebnis geschichtlicher Kooperation von Menschen, die uns erst zu Personen macht.[17] Als Personen sind wir der Kooperation der Personen verpflichtet. Der Rahmen dieser freien Kooperation freier Personen ist das Recht, der Rahmen des Rechts der Staat als *politeia* oder *civitas*. Regierung, Gesetzgebung und Gesetzpflege sind immer nur als Teilinstitutionen des so verstandenen Staates zu begreifen. Die unglückliche moderne Verkürzung des Wortes „Staat“ auf die Machtinstitutionen des Staates sorgt nicht nur dafür, dass man Hegels Überlegungen nicht mehr versteht, sondern auch, dass man den Kontrast zwischen Staat und (bürgerlicher) Gesellschaft nicht mehr artikulieren kann. Letztere ist die Struktur der sich aus freien Verträgen ergebenden Kooperationsmöglichkeiten der einzelnen Bürger in einem vom Staat durch Gewaltandrohung gesicherten Eigentumsregime, was dann auch für Personen verschiedener Staaten gilt. Die Staaten schützen die Verträge mit ihrer Sanktionsmacht und bilden daher die Rahmenstruktur jeder Vertragsfreiheit, durchaus auch der immer prekären des Arbeitnehmers mit dem Arbeitgeber, wie Hegel schon vor Marx sieht. Prekär ist die bloß formelle Freiheit und Gleichheit der Vertragspartner. Denn ihr korrespondiert die Ungleichheit ökonomischer Macht, wie sie gerade über das allgemeine Eigentumsregime durch die staatliche Sanktionsgewalt aufrecht erhalten wird. Das bemerken nicht erst Engels und Marx, sondern schon Hegel.

Ein freies Wollen einer *einzelnen Person* ist nun aber selbst erst möglich, wenn diese im Besitz von allerlei Fähigkeiten des Planens und der handelnden Ausführung von Plänen ist und die Ressourcen zur Ausfüh-

17 Zur Bedeutung symbolischen Wissens vgl. auch die Bemerkungen in GW 14,2; 497.

rung der Pläne hat. Die Institutionen der ,Verteilung' der Fähigkeit des Planens heißen „*Bildung*", „*Wissen*" und „*Wissenschaft*". Die Institution der Verteilung der Ressourcen heißt „*Eigentum*".

Person im Würdesinn des Wortes ist jedes einzelne menschliche Subjekt. Als solches ist es grundsätzlich Mitglied der Werte- und Würdegemeinschaft der Menschen und als ,heilig' anzuerkennen. Eine Person im anspruchsvolleren Kompetenzsinn zu sein, setzt voraus, dass das Individuum je ,seine' mannigfaltigen personalen Rollen im Umgang mit anderen Personen hinreichend gut oder richtig spielen kann und spielt. Es ist dabei ausgesprochen wichtig, dass die *Würde* der Person ohne jede Aufnahmeprüfung zukommt und damit vom *Kompetenzbegriff* der Person entsprechend zu unterscheiden ist. Und doch gilt in beiden Fällen, dass die jeweilige ,Eigenschaft', eine Person im einen oder anderen Sinne zu sein, sich nur aus der personalen Relation der Menschen ergibt. Logisch ist das analog dazu, dass die ,Eigenschaft' eines Symbols t eine Zahl, sagen wir die Zahl 3, zu benennen, sich nur im Kontext der Relationen 1<t, 2<t, t<4 etc. und damit nur durch unseren Gebrauch der Terme ergibt. Es existieren sozusagen *gar keine Zahlen* ohne Bezugnahme auf unsere Praxis der Verwendung von Zahlausdrücken bzw. mengenartigen Repräsentationen von Zahlen.[18] Entsprechend gibt es keinen *Bürger* außerhalb der *Beziehungen* der Bürger zu einander und zum Ganzen der Bürgerschaft, die als *civitas* der *Staat* ist und von seiner *Regierung*, der Nachfolge regaler Macht und Verwaltung, zu unterscheiden ist.

Die Entscheidungs- und Handlungsfreiheit *der Person* ist dabei als Effekt der Form der *personalen Kooperation der Menschen* zu begreifen. Sie ist *keine* ,natürliche' Eigenschaft des je einzelnen Menschen als rein animalisches Leibwesen. Freie Handlungen sind nur möglich, so-

18 Enz. § 523: „Die Substanz, als Geist sich abstrakt in viele *Personen* (die Familie ist nur *eine* Person), in Familien oder Einzelne besondernd, die in selbständiger Freiheit und als *Besondere* für sich sind, verliert zunächst ihre sittliche Bestimmung, indem diese Personen als solche nicht die absolute Einheit, sondern ihre eigene Besonderheit und ihr Fürsichsein in ihrem Bewußtsein und zu ihrem Zwecke haben, – das System der Atomistik. Die Substanz wird auf diese Weise nur zu einem allgemeinen, vermittelnden Zusammenhange von selbständigen Extremen und von deren besonderen Interessen; die in sich entwickelte Totalität dieses Zusammenhangs ist der Staat als bürgerliche Gesellschaft oder als *äußerer Staat*.".

weit es richtungsrichtige Handlungspläne für die tätige Verfolgung von symbolisch repräsentierten *Zwecken* gibt. Diese sind von den einfach im präsentischen Sein mitgegebenen *Zielen*, wie sie Tiere verfolgen können, zu unterscheiden. Tiere *produzieren* keine Repräsentationen möglicher Zukünfte oder Pläne. Das Wissen um Zwecke und Mittel verdankt jede Person einer Menschheitsgeschichte, die sich als Geschichte des Könnens und Wissens ganz wesentlich von einer Erzählung der historischen Evolution der Verhaltenstypiken von Tieren und ihrer animalischen Kognition unterscheidet. Bei Menschen sind zwar die *Einfälle* der *imaginatio* passiv, nicht aber die *Auswahl* und die tätige *Produktion* von Bildern, Texten, Zweck-Vorstellungen und Vorsätzen.[19]

Hegels *Logik der Freiheit* zeigt vor dem Hintergrund dieser Analyse, dass schon Kants kompatibilistische Theorie der doppelten Perspektive auf das Tun als Körperverhalten und freies Handeln verfehlt ist. Diese Dualität von Körperwelt und noumenaler Denkwelt wird von Lewis White Beck so rekonstruiert[20]: In der Perspektive des theoretischen ‚*spectator*' auf das physische Geschehen in der Erfahrung gelte das Prinzip des durchgehenden Kausalnexus, und zwar als transzendentale Voraussetzung von Erfahrungswissen. Aber in der Perspektive des ‚*actor*' müsse das rein intelligible Prinzip der Freiheit angenommen werden, weil sonst unsere moralischen und rechtlichen Urteile über die freie Verantwortung des Handelnden am Legalitätsprinzip des *ultra posse nemo obligatur* zerschellen würden. Friedrich Kaulbach, Volker Gerhardt und viele andere Autoren zu Kant folgen hier Beck. Gerold Prauss sieht schon klar, dass man aus einer bloßen moralischen und rechtlichen *Zuschreibung* freier Verantwortung die *wirkliche Existenz* der zugeschriebenen Willens- und Handlungsfreiheit weder im Allgemeinen noch in besonderen Fällen ‚erschließen' kann.[21] Hegel sieht entsprechend, dass es einer *Tieferlegung* der Begründung von Freiheit bedarf, dass man aber für eine *Verteidigung* der Freiheit nicht mehr und nicht

19 Die Debatte um den Unterschied zwischen einem Genie mit seiner großen Einbildungskraft und dem Talent mit seiner technischen Kompetenz in der damaligen Zeit ergibt sich aus der Differenz zwischen den passiven Einfällen und ihrer weiteren Bearbeitung.

20 Lewis White Beck, *The Actor and the Spectator*, New Haven, Yale Univ. Press, 1975.

21 Gerold Prauss, *Kant über Freiheit und Autonomie.* Frankfurt/M., Klostermann, 1983.

weniger als das Wissen braucht, dass es in der Welt hinreichend klare und deutliche Unterscheidungen zwischen freien verantwortlichen Handlungen und bloßen Widerfahrnissen gibt. Dass es dabei Grauzonen stetiger Übergänge gibt, wie in *allen* unseren innerweltlichen Unterscheidungen, da die erfahrbare Welt ein Kontinuum ist und alle Diskretheit, alles Digitale, um es so zu sagen, künstlich von uns erzeugt werden muss, ist natürlich anzuerkennen.

Das Wort „Freiheit" ist also einfach ein nominalisiertes Titelwort für alle Fälle, die wir irgendwie als unsere Handlungen von Widerfahrnissen und Naturereignissen unterscheiden, besonders Fälle freien Planens und Handelns im Kontrast zu bloß zufälligen, reaktionsartigen, Verhaltungen oder gar reinen Widerfahrnissen. Es ergibt sich in gewissem Sinn die extensionale Gleichheit der Bereiche des Handelns, Wissens, Ethos und des Geistes – im Kontrast zu einer Natur des handlungsunabhängigen Geschehens. Die ganze Welt ist eine Welt der Natur *und* des Geistes. Der Geist ist innerweltlich, und ist doch kein Effekt bloßer Natur. Damit ersetzt Hegel Kants mystifizierende Unterscheidung zwischen einem *mundus sensibilis* und *mundus intelligibilis*, ein Reich der *Erfahrung* und ein Reich der *Freiheit*, durch die innerweltliche Unterscheidung zwischen *Natur* und *Handlungswelt*.

8. Zur transzendenten Metaphysik des Naturalismus

Die Natur ist das Thema der Naturwissenschaften. Diese gliedert Hegel in folgende drei Bereiche: den Bereich der Mechanik als äußerer Bewegungslehre von Körpern mit den relevanten Gravitations- und Reibungskräften, den Bereich der inneren Physik der Körper, zu welcher die Chemie ebenso gehört wie der Elektromagnetismus samt aller starken ‚atomaren' Kräfte oder auch nur die Mineralogie, und schließlich den Bereich der ‚Organik', der Biologie. Die Wissenschaften vom Geist machen dagegen schon etablierte *Praxisformen* und die zugehörigen Normen reflexionslogisch und strukturgeschichtlich explizit. Wenn diese Formen des gemeinsamen Handelns schon mehr oder weniger explizit reflektiert und geregelt sind, sind sie als „*Institutionen*" anzusprechen. Eine Reduktion der Wissenschaften auf eine bloße *Science* oder Naturwissenschaft ist rein halbierte Vernunft.

Das Argument gegen jeden Naturalismus ist also ganz einfach: Der Naturalist *verwechselt* die Natur mit der ganzen Welt oder er *verweigert* sich der Unterscheidung zwischen Natur und Welt. Als Haltung ähnelt das der ‚These', es gäbe keinen Unterschied zwischen Gelb und Grün.

Hegel sieht des Weiteren, dass unser Vorherwissen von durch unser Handeln nicht beeinflussbaren ‚natürlichen' Geschehnissen in einer realistischen Analyse immer bloß als *generisches Wissen* begriffen werden kann. Ein solches ist ‚wahr' immer nur im pragmatischen Sinn, nach welchem es *klug* ist, sich am *bestmöglichen Allgemeinwissen* in seinen Erwartungen zu orientieren. Nur in diesem Denkrahmen erhalten wir eine wirklich innerweltliche und nicht bloß erst transzendente Analyse dessen, was als *kausales Vorherwissen* in einem nicht nur rein fiktiven oder utopischen Sinn *als möglich* gelten darf. Nur so entgehen wir der Falle eines *metaphysischen Glaubens* an eine vermeintlich bloß noch nicht zureichend erkannte *Hinterwelt,* in der ein Kausalprinzip angeblich *ontisch* gelten soll oder auch nur gelten *könnte.*

Wir müssen lernen zu verstehen, dass unsere Vorstellungen beliebiger derartiger Hinterwelten selbst nur unsere sprachlichen Konstruktionen sind. Das ist die Wahrheit von Hegels objektivem und absolutem Idealismus. Er besagt, dass die Wirklichkeit, welche wir in den Wissenschaften ‚darstellen', im Kontrast zu der durch sie ‚erklärten' Realität (bloß empirischer und damit rein historischer Erfahrungen *a posteriori*), unsere eigene begrifflich-theoretische Konstruktion ist. Was wir dabei konstruieren, sind materialbegriffliche Differenzierungen und Inferenzregeln, die wir so einrichten, dass sie im Normalfall zu einigermaßen guten Orientierungen in der Welt führen, sowohl für unser Vorhersagen und Erwarten, als auch für unser handelndes Tun.[22]

Mereologische Taxonomien, wie sie Aristoteles für die Biologie entwirft, sind demnach Teilmomente einer sprachlich artikulierten Gliederung der Welt, die ihrerseits nur Sinn hat zusammen mit zugeordneten dispositionellen Inferenzregeln. Solche Regeln liegen allen unseren Reden von kausalen Kräften und allen unseren kausalen Erklärungen von Verlaufstypen in Situationstypen zu Grunde. Daher ist unser *System der Natur* im engeren Sinne ein System von situationsallgemeinen differentiellen und inferentiellen *standing sentences*. Diese artikulieren so genannte *Naturgesetze*. Es handelt sich dabei um ein *von uns konstruiertes* System materialbegrifflicher Regeln. Es handelt sich nicht um eine ‚Abbildung' einer transzendenten Welt an sich, oder, wie Richard Rorty sagt, um einen *Spiegel der Natur*.[23]

22 Die modale Zukunft der Welt ist nicht bloß in Bezug auf unsere Handlungen und deren Folgen weit offener, als es die Glaubenshaltungen eines kausalistischen und eines theologischen Prädeterminismus als zwei Geschwistern im falschen idealistischen Denken auch nur ahnen. Der Logiker Nuel Belnap kommentiert dies auf schön ironische Weise in seiner Rede von einem Glauben an eine „*thin red line*", eine *dünne rote Linie*, die in die Zukunft führt. Es handelt sich schlicht um den urteilsfreien Verzicht auf die Differenz zwischen Vorhersagbarem und nicht Vorhersagbarem. Er beruht auf der Vorstellung, man könne aus einer vollendeten Zukunft auf alle Zukünfte zurückschauen. Empirische futuristische Aussagen erscheinen damit erstens als wahr oder falsch und nicht bloß als das, was sie in Wirklichkeit sind, als modale Erwägungen von Möglichkeiten. Und sie scheinen kausal durch den jetzigen Zustand der Welt *vorherbestimmt* zu sein. Bedingt in einem weiten Sinn sind sie allerdings, da es natürlich nur *eine* Welt gibt, die in gewissen Weisen zusammenhängt. Aber keineswegs alle Ereignisse sind kausal aus dem Urknall effizient erklärbar. Vgl. Nuel Belnap, Michael Perloff, Ming Xu, *Facing the Future. Agents and Choices in Our Indeterminist World*. Oxford (Univ. Pr.) 2001.

23 Richard Rorty, *Der Spiegel der Natur. Eine Kritik der Philosophie*. Frankfurt/M., Suhrkamp, 1987.

Wissenschaftliche Theorien stellen *Modelle* der Welt dar, die wie Landkarten fungieren. Ihre Wahrheit oder Richtigkeit hängt nur davon ab, wie gut sie uns in unserem Handeln und Leben orientieren. Dennoch nennen wir das, was Theorien in ihren Sätzen und Regeln sagen, „die eigentliche Wirklichkeit", durch die wir die realen Erscheinungen erklären. Das eben besagt Hegels zumeist gar nicht in seinem Gehalt verstandene Satz, das *Wirkliche sei das Vernünftige* und das *Vernünftige das Wirkliche*. Der Satz sagt nicht, dass alles positiv Reale schon vernünftig sei. Er sagt: Wir passen unser System der Erklärungen durch kausale Kräfte oder dann auch durch Artikulation empraktisch bekannter und anerkannter Handlungsformen so gut wie möglich an die Welt an, also an das, was wir perzeptiv so alles erfahren und was wir tun können. Das folgt dem platonischen Programm der *Rettung der Phänomene*, der Aufhebung der Erscheinungen in unseren Modellen.[24] Dabei erklären wir das als wirklich, was im allgemeinen zu einer guten, vernünftigen, Orientierung führt. Dabei werden einige ‚rein subjektive' Erscheinungen als bloße Epiphänomene, als Schein, als kontingente Zufälle oder unwichtige Sonderfälle ausgeklammert. Beispiele kennen wir alle: Man sieht eine Fata Morgana, die Krümmung des Stabes im Wasser, den Ort eines Regenbogens oder das Grün eines blauen Hemdes in gelbem Licht.

Gerade der Szientismus fällt nun, wie oben schon skizziert, in die Falle eines rein willkürlichen Glaubens an eine ‚wirkliche Welt' *an sich*. Sie steht in scheinbarem Kontrast zu unserem angeblich bloß falliblen Wissen, das angesichts der offenbaren Entwicklungen der Wissenschaften selbst bloß erst ein Glauben sei. Ironischerweise geht es dem Szientismus dabei ganz gleich wie jeder dogmatischen Theologie. Denn der naturalistische Prädeterminismus und die religiöse Prädestinationslehre sind nur zwei verschiedene Ausdrucksweisen desselben *metaphy-*

24 Es ist also eine theoretisch entworfene *allgemeine Wirklichkeit* (an sich), die wir auf das empirisch *Einzelne* (für sich) anwenden. Das bedarf je *besonderer* Urteilskraft, geht es doch um die Bestimmung des besonderen Konkreten an und für sich als Exemplar des relevanten Allgemeinen. Unsere Bezugnahme auf ein *concretum* betrachtet daher das Generische und Partikulare (mehr oder minder unmittelbar und damit unbewusst) als in einem *zusammengewachsen*. Die Struktur wird auch für das praktische Handeln und das Reden über das Handeln relevant.

sischen Glaubens an eine angeblich unerkannte und von uns Menschen hienieden scheinbar sogar nie je real erkennbare Hinterwelt. Der Schein entsteht, weil alles Realwissen als bloße Überzeugung erscheint, welche sich in der Zukunft als falsch herausstellen könnte. Dieser Schein ist der Schein des Skeptizismus. Er ist paradoxerweise der Vater jedes dogmatischen Glaubens. Er ist dies sowohl in diversen Theologien als auch in diversen Naturalismen. Gerade das zeigt Hegel in den Passagen zum Stoizismus, Skeptizismus und unglücklichen Bewusstsein in der *Phänomenologie des Geistes*.[25]

Kant ist die ersten Schritte in die Richtung dieser Einsicht gegangen. Dass es nur erste Schritte waren, sieht man an Kants Meinung, man *dürfe* so reden, als ob es in der biologischen Welt teleologische Zwecke gäbe, auch wenn es sie nicht wirklich gebe, weil Kant meint, ein transzendentales Argument für einen durchgängigen Kausalnexus der objektiven Welt (der Natur als dem Reich der Erfahrungen, des *mundus sensibilis*) zu haben. Kant erweist sich hier als philosophischer Newtonianer, als heimlicher Anhänger einer Ontologie des ‚Mechanismus' – für die Welt der Erscheinungen. Eben damit wird Kant zum Kompatibilisten.[26]

Hegels Texte sind in ihrer argumentativen Struktur und ihrer logischen Radikalität vor allem deswegen noch nicht verstanden, weil man die Absolutheit und Freiheit der subjektiven Performation jedes Urteils und jedes Schlusses in ihrer Bedeutung massiv unterschätzt. Hegel ist der erste und weitgehend einzige *Logiker von Sprechhandlungen*, der erkennt, dass in allen unseren Regelanwendungen immer schon selbst ein *freies Urteilen* und Schließen involviert ist, ganz anders als im schematischen Operieren von Rechenmaschinen. Kurz, in allen Regeln und

25 Vgl. dazu Pirmin Stekeler, *Hegels Phänomenologie des Geistes. Ein dialogischer Kommentar*. 2 Bde. Hamburg, Meiner, 2014.

26 In empiristischen Kreisen wird Freiheit entsprechend wie schon bei Hume zu einem Gefühl, etwa in der Wunsch-Wunsch-Theorie Harry Frankfurts. Nicht anders steht es mit allen anderen Kompatibilismen, wie z.B. denen in Peter Bieris berühmtem Buch *Handwerk der Freiheit. Über die Entdeckung des eigenen Willens*. Frankfurt/M., Fischer, 2003 oder etwa auch in den Texten von Ansgar Beckermann und praktisch aller gegenwärtig schreibenden Analytischen Philosophen. Kompatibilismus ist eine Theorie der Freiheit für dogmatische Szientisten und als solche eine metaphysisch-transzendente Glaubensphilosophie.

Normen, allem Recht und Wissen ist das freie Urteilen und Handeln methodisch und logisch vorausgesetzt, präsupponiert. Das entstehende Problem jeder Verfahrenslogik, gerade auch noch bei Kant, ist dagegen hochdramatisch: In jeder auf formale Schemata reduzierten Logik wird das ‚richtige Folgern' als blindes Regelfolgen fehlgedeutet und eben damit nicht als freie Anwendung allgemeiner Normalfallnormen in Einzelfällen begriffen, die auf besondere Weise mit Urteilskraft je frei zu typisieren sind.

Hegels zentrale Einsicht in die freie Absolutheit bzw. absolute Freiheit jedes *Urteils* sieht insbesondere, dass eine performative Haltung oder Denk-Handlung mit ihrem *‚saying so makes it so'* in scharfem Kontrast steht zum *Inhalt* des beurteilten Satzes, mit der ganz anderen *‚direction of fit'*, in welcher das Richtige davon abhängt, wie die Welt ist, nicht davon, was wir frei tun wollen. Jede Sprech- oder Denkhandlung und damit jedes Urteil enthält also immer schon die folgenden *performativen* Momente neben den hier nicht weiter besprochenen Momenten der Bestimmung des *Inhalts* der Aussage oder des Urteils:

Das erste Moment ist die subjektive *Gewissheit* des Sprechers oder Urteilenden.

Das zweite Moment ist seine dialogische *Versicherung*, das vollzogene Urteil oder der vollzogene Schluss sei insgesamt richtig, samt dem zugehörigen *Commitment*, der Selbstverpflichtung, diese Richtigkeit gegebenenfalls zeigen zu können.

Das dritte Moment besteht in einem freien *Appell an freie Anerkennung*, zusammen mit der oft impliziten Behauptung der Nachvollziehbarkeit und einem *Entitlement*. Letzteres ist eine Art *‚Erlaubnis'* an alle, die angesprochen sind, sich auf das Urteil verlassen zu können.

Das vierte Moment unterstellt eine vom Hörer her immer erhoffte *Ehrlichkeit* und *Gewissenhaftigkeit*, die aber beide vom Sprecher her immer bloß erst subjektiv kontrolliert sind.

Das fünfte Moment verlangt von aller ‚objektiven' Richtigkeit eine *faktische* transsubjektive *Anerkennung* und nicht bloß eine subjektive Beurteilung der reinen *Anerkennbarkeit* oder *Kohärenz.*

Das ethische Denken Kants scheitert besonders am letzten Punkt und an einer falschen Vorstellung von einem moralischen Gesetz und Urteilsverfahren.

9. Freie Moral und staatliches Recht

Das zentrale Problem freier Kooperationen liegt im nötigen *Vertrauen*, dass sie ‚Zutrauen voraussetzen', dass die Verträge „ernst gemeint, wenigstens unbefangen sind" (GW 14,2; 657). Dass Vertrauen kein bloß seltenes Gut ist, erläutert Hegel an einem sogar völlig trivialen Fall: „Menge Menschen gehen auf der Straße vorüber, … verlasse mich darauf, dass sie mich nicht plündern, morden u.s.f. wollen, … Wenn ich voraus zu setzen hätte, sie wären irrende Gewissen, anerkennten nur das, für Recht, was sie nur in ihrem subjectiven Gewissen faenden …, so befaende ich mich aerger als unter Raübern, denn von diesen weiß ich dass sie Raüber sind" (GW 14,2; 657).

Wenn wir dann noch wissen, dass in einem Land das Rechtsgehen und Rechtsfahren ‚die Regel' ist, werden sich alle an sie halten, weil wir alle von ihr profitieren. Es gibt hier keine oder nur seltene Chancen der Gewinnmitnahme bei Regelbruch. Es gibt also kaum Gefahren, die durch Nichtbefolgung der Regel entstehen könnten. Echte Kooperationsprobleme dagegen sind von der Art, dass eine Lösung, die für ‚alle' gut wäre, in der Gefahr des Missbrauchs durch Trittbrettfahrer stehen – so dass es eine *allgemein* organisierte *Drohung* von Sanktionen gegen Trittbrettfahrer ‚geben sollte', welche die erwartete ‚Auszahlungsmatrix' verschiebt. Die Kosten-Nutzen-Rechnung des *homo rationalis* (*oeconomicus*) wird damit so verändert, dass sich das Kooperationsproblem mehr oder minder in ein Koordinationsproblem verwandelt. Technisch lässt sich das durch die Rede von Verschiebungen der Pareto-Optima und der Nash-Gleichgewichte artikulieren.

Dieser Gedanke – der natürlich im Detail ausgearbeitet werden kann – führt zu der interessanten Einsicht, dass wir, wo möglich, die dilemmatischen Probleme freier Kooperation, in denen vom Einzelnen allzuviel an Vertrauen in die freie Kooperation von Mitmenschen gefordert wird, durch institutionelle Rahmenordnungen in Koordinationsprobleme verwandeln sollten, wenn wir *kollektiv* rational und das heißt *vernünftig* sein wollen. Eben dies zeigt das Beispiel der *Sicherheit* bei Thomas Hobbes. Hier sorgt die Institution der Staatsmacht mit ihrer Strafandrohung dafür, dass ein möglicher Raubmörder von seiner Tat durch den Prospekt seiner Bestrafung abgeschreckt wird – zu der er sonst

‚verführt' werden könnte, gerade weil sich sein totes Opfer nicht mehr selbst ‚rächen' kann. ‚Rache' ist zunächst die *private* Reaktion eines Geschädigten gegen einen wirklichen oder auch vermeintlichen Schädiger oder seine Sippe. Die berechtigte Furcht vor Rache oder Strafe ist oft sogar das Motiv für den Räuber, sein Opfer auch als möglichen Zeugen zu töten.

Die *familiale Blutrache*, welche die Sippe zu einer Einheit macht und den Einzelnen in der Sippe damit schützt, erweist sich damit in gewisser Weise als eine Vorform des Rechts. Das ist schon eine ganz andere Sicht der Dinge als die sentimentale Darstellung Nietzsches, der meint, Rache wolle Geschehenes ungeschehen machen. Der ‚Witz' jeder staatlich administrierten Strafe besteht dann, erstens, im Verbot privater Rache, zweitens darin, dass auch der zu Bestrafende das Verbotene der Tat kennt und anerkennt. Das Verbot der Rache ist notwendig, weil Rache gefährlich ist. Sie kann schnell zum Krieg der Sippen, am Ende auch von Staaten führen. Das Wissen um das Recht ist notwendig, weil das Recht eine gemeinsam anerkannte Ordnung der Sicherheit *und* Freiheit ist. Wenn sich ein Täter dennoch gegen das Gesetz des Rechts entscheidet, dann ‚*will*' er das Recht dennoch im Allgemeinen und damit auch die mit der Sanktionsbewehrung durch Strafandrohung mitgegebene Strafe an sich. Er *wünscht* sie freilich nicht für sich selbst, sondern fürchtet sie.[27] Insofern *rechnet er mit der Strafe* zumindest als mögliche Folge seiner Tat – und hat sich eben daher auch nicht zu beklagen: Das ist der Kern der Analyse Hegels zur ‚Zeitunabhängigkeit' der Bewertung von Strafe.

Wir alle wollen eine Ordnung, welche uns freie Handlungssicherheiten gewährt. Dieser gemeinsame Wille, an dem auch der Verbrecher teilnimmt, ist die Basis der Strafandrohung und der Strafe. Strukturtheoretisch will kein Trittbrett- oder Schwarzfahrer, dass es die Institution, von der er durch Missbrauch profitiert, nicht gibt. Das ist das kantianische Erbe im Gedanken Hegels. Aus ihm ergibt sich aber, dass der Straftäter von vornherein der Strafe zustimmt, ob er sich das explizit klar gemacht hat oder nicht. Damit verstehen wir schon besser, dass mein

27 Auf diesen Kontext bezieht sich Hegels Bemerkung, bewusste Furcht sei Klugheit mit widerstreitender Überzeugung (GW 14,2; 301).

generischer Wille weit über mein bloß aktualisiertes Wünschen hinaus reicht.[28]

Wir wollen z. B. am freien Eigentumsregime unserer Gesellschaft partizipieren. Das wollen wir zumeist auch dann, wenn wir verbal konsistent *sagen*, dass wir uns auch einen eigentumsfreien Kommunismus vorstellen können. Offen bleibt dennoch, welche Kooperationsbereiche wir den freien Verträgen der Bürger untereinander, etwa dem Produktionsmittel besitzenden Arbeitgeber und dem nur seine Arbeitskraft besitzenden Lohnarbeiter, überlassen wollen. Denn der letztere geht bloß scheinbar freie Verträge ein, wo es für ihn keine Alternative gibt. Schon vor Marx sieht Hegel daher das Problem der industriellen Reservearmee, die bei ihm noch „Pöbel" heißt. Zu seiner Lösung bedarf es einer *politischen Kontrolle*, also des Staates und seiner Administration, um gewisse freiheits- und wohlstandsgefährdende Nebenfolgen eines ungeregelten Eigentumsregimes in Schranken zu halten. Denn *Not kennt kein Gebot* – so dass für den ‚Pöbel' z.B. das Eigentumsregime der Besitzenden *nicht* anerkennbar ist, ein Punkt, den Marx klarerweise übernimmt. Daher gibt es auch schon bei Hegel kein absolutes Freiheitsrecht der beliebigen Verfügung über ein (familiales) Vermögen. Ohne sozialen Ausgleich der Art einer staatlichen, steuerfinanzierten, Armenhilfe kann der Staat kein unbeschränktes privates Eigentum an Produktionsmitteln erlauben. Das zeigt sich historisch schon in den Notwendigkeiten der diversen römischen Landreformen, also lange vor einer kapitalistischen Gesellschaftsformation. Anders gesagt, eine freiheitliche bürgerliche Gesellschaft ist nur möglich in einem sozialstaatlichen Rahmen. Das ist die wohl tiefste Einsicht von Hegels politischer Ökonomie und Rechtsphilosophie.

28 Der § 487 der Enzyklopädie sagt entsprechend, dass der freie Wille als generischer und nachhaltiger Wille in der Gesellschaft, also als volonté générale, „C. der *substantielle* Wille als die seinem Begriffe gemäße Wirklichkeit im Subjekte und Totalität der Notwendigkeit, – die *Sittlichkeit*, in Familie, bürgerlicher Gesellschaft und Staat" ist. Anders gesagt, es sind die stabil empraktisch anerkannten Organisationen und Institutionen, in denen allein eine volonté générale existieren kann, wozu empirische Wünsche der Einzelpersonen und ihre verbalen Zustimmungen gestern und dort, hier und jetzt oder morgen und wo auch immer gerade nicht zählen.

Obwohl sich Hegel wie schon Kant mit übrigens sehr guten Gründen gegen einen reinen Mehrheitsdemokratismus oder Populismus wendet, verficht er eine Staatsidee, welche trotz allem Zugeständnis an eine konstitutionelle Monarchie mit funktionaler Erbfolge des reinen Staatsrepräsentanten auf der Ebene der gesetzgebenden Körperschaft republikanisch und auf der Ebene der Regierungsverantwortung sozialstaatlich ist.[29] Sie ist damit sozialdemokratisch *avant la lettre* – wenn man, wie man sollte, den Kontrast zum bourgeoisen Liberalismus und seinem ‚Naturrecht' als ausschlaggebend ansieht und nicht die konkrete Ausgestaltung des Wahlrechts nach dem erst später, nämlich durch die ‚marxistische' Sozialdemokratie, eingeforderten Prinzip ‚*one man one vote*', unter Einbeziehung der Frauen.

Hegel vertritt sogar das folgende zentrale moralische Prinzip der Freiheit. Freie Kooperationsprobleme sollen diesem Prinzip zufolge nach Möglichkeit durch staatliche Regeln in Koordinationsprobleme verwandelt werden. Das Prinzip ist eine interessante Verbindung von Liberalismus und Sozialstaatlichkeit. Es bedeutet das Folgende: Wenn es eine staatliche Ordnung gibt, welche ein prekäres Kooperationsproblem in ein bloßes Koordinationsproblem verwandelt, dessen Lösung am Ende nur noch Information und zweckrationalen Verstand von den Teilnehmern an freien Verträgen verlangt, dann gibt es eine Art kollektiver moralischer Pflicht, den entsprechenden Rechtsrahmen zu implementieren. Eine solche Ordnung operiert insbesondere mit folgenden Mitteln: An erster Stelle stehen Steuern als staatliche Abschöpfung von

29 Die erblich festbestimmte Thronfolge wird von Hegel rein funktional zur Stabilisierung „der öffentlichen Freyheit" begriffen (GW 14,2; 285). Es ist ein ‚patriarchalisches Prinzip', freilich verwandelt aus einer vorstaatlichen und vorrechtlichen, bloß erst ‚moralischen', d. h. informell tradierten, familialen Praxis (GW 14,2; 373), dessen Bedeutung für die Stabilität „der höheren Gestalt eines organsirten Staates" ‚gewöhnlich am wenigsten begriffen' ist (GW 14,2; 285 f.). Es geht um die zeitlich stabile Einheit der Institution des Staates als Rahmen einer freien Gesellschaft: Die Anerkennung der Erbfolge verhinderte traditionell Parteien- und Nachfolgerkämpfe um die Stelle der obersten Staatsrepräsentanten, wie wir sie von den römischen Soldatenkaisern bis ins kommunistische China alle kennen. Regelungen dieser Art waren so lange nötig und sinnvoll, wie es keine guten verfassungsmäßigen Ersatzinstitutionen gab mit stabilen Regelungen für den Fall des ‚Wegfalls' von ernannten Präsidenten und Stellvertretern als den ‚Königen auf Zeit' in einer Republik.

Mehrwert, wie wir nach Marx sagen können, womit auch der Unterschied zu einer direkten Enteignung von Vermögen allererst begreifbar wird. Erst dadurch lassen sich staatliche Aufgaben für das Gemeinwesen finanzieren. Und es werden erst in diesem Rahmen positive ökonomische Incentives etwa durch den Prospekt der Steuerersparnis auf zentral geplante Weise möglich. Es ist dabei klug, sanktionsbewehrte Verbote und Gebote nur in den nötigsten Fällen zu implementieren, zumal hier die Kosten des Drohens, Kontrollierens und Strafens doch sehr hoch sind. Alle diese Mittel aber haben eine Verschiebung der Erwartungswerte der Auszahlungsmatrix für das Handeln der Einzelpersonen zur Folge. Staaten, also wir als politische Bürger, sorgen so dafür, dass die Handlungsweise eines *homo rationalis oeconomicus* im Allgemeinen auch schon sozial kooperativ gut genug ist. Das ist die Grundidee bzw. Grundform einer Politik der Freiheit. Sie lässt alle naturrechtliche und damit jede bloß dogmatische Metaphysik ebenso weit hinter sich wie die schönen Gefühle eines *moral sentiment*. Hegel erkennt außerdem gerade in diesem staatlichen Rechtsrahmen die ‚unsichtbare Hand' Adam Smiths und Bernard Mandevilles.

Anders gesagt, den Staat braucht nicht nur ein Volk von Teufeln, wie Kant mit Hobbes sagt, nämlich um sich gegen die Gefahren der Freiheit des Handelns und der zweckrationalen Verfolgung eigener Interessen zu schützen; den Staat brauchen gerade auch ethisch freiheitlich denkende Menschen. Denn ohne Rechtssystem wird ein rein kommunitarisches Kooperieren, wie es bestenfalls in einer Familie oder Sippe einigermaßen funktionieren kann, mit absehbarer Sicherheit in jeder größeren Gesellschaft kollabieren – also zu einem Kampf mafioser Gruppen und zu neuen Formen der Blutrache führen. Jede moralische Überforderung der Einzelpersonen und Familien ist daher insgesamt, holistisch gesehen, nicht nur töricht, sie ist sogar *unmoralisch*. Die staatskritischen Utopien des Kommunismus, Kommunitarismus und am Ende auch des Liberalismus berücksichtigen eben diese Tatsache nicht. Sie verstehen die logischen Stufungen der Freiheit nicht. Sie wissen nicht, dass ihre Ausrufung anarchischer Utopien mit Idealvorstellungen operiert, die noch nicht einmal vor der neolithischen Revolution gangbar gewesen wären. Jede Kooperation schon der Landverteilung von und für *Bauern* und jeder Stadt-, erst recht aber jeder Industrie-Kultur, in welcher am Ende praktisch alle Bürger zu Lohnarbeitern werden (trotz der riesigen Spanne der Gehälter) bedarf eines Staates – und seines trotz aller Vermittlungsstufen am Ende immer auch durch Strafandrohungen bewehrten Rechts, das allein politische und soziale Macht ermöglicht.

Hegel übt in entsprechender Weise Kritik an allen bloß subjektiven oder, was dasselbe ist, intuitiv-sentimentalen ‚Begründungen'[30] von

30 Vgl. Enz. § 471: „Wenn an das *Gefühl* von Recht und Moralität wie von Religion, das der Mensch in sich habe, an seine wohlwollenden Neigungen usf., an sein *Herz* überhaupt, d.i. an das Subjekt, insofern in ihm alle die verschiedenen praktischen Gefühle vereinigt sind, appelliert wird, so hat dies 1. den richtigen Sinn, daß diese Bestimmungen seine *eigenen immanenten* sind, 2. und dann, insofern das Gefühl dem *Verstande* entgegengesetzt wird, daß es gegen dessen einseitige Abstraktionen die *Totalität* sein *kann*. Aber ebenso *kann* das Gefühl *einseitig*, unwesentlich, schlecht sein. Das *Vernünftige*, das in der Gestalt der Vernünftigkeit als Gedachtes ist, ist derselbe Inhalt, den das *gute* praktische Gefühl hat, aber in seiner Allgemeinheit und Notwendigkeit, in seiner Objektivität und Wahrheit. Deswegen ist es einerseits *töricht* zu meinen, als ob im Übergange vom Gefühl zum Recht und der Pflicht an Inhalt und Vortrefflichkeit verloren werde; dieser Übergang bringt erst das Gefühl zu seiner Wahrheit. Ebenso töricht ist es, die Intelligenz dem Gefühle, Herzen und Willen für überflüssig, ja schädlich zu halten; die Wahrheit und, was dasselbe ist, die wirkliche Vernünftigkeit des Herzens und Willens kann allein in der *Allgemeinheit* der Intelligenz, nicht in der Einzelheit des Gefühles als solchen stattfinden. Wenn die Gefühle wahrhafter Art sind, sind sie es durch ihre Bestimmtheit, d.i. ihren Inhalt, und dieser ist wahrhaft nur, insofern er in sich allgemein ist, d.i. den denkenden Geist zu seiner Quelle hat. Die Schwierigkeit besteht für den Verstand darin, sich von der Trennung, die er sich einmal zwischen den Seelenvermögen, dem Gefühl dem denkenden Geiste willkürlich gemacht hat, loszumachen und zu der Vorstellung zu kommen, daß im Menschen nur *eine* Vernunft im Gefühl, Wollen und Denken ist. Damit zusammenhängend wird eine Schwierigkeit darin gefunden, daß die Ideen, die allein dem denkenden Geiste angehören, Gott, Recht, Sittlichkeit, auch *gefühlt* werden können. Das Gefühl ist aber nichts anderes als die Form der unmittelbaren eigentümlichen Einzelheit des Subjekts, in die jener Inhalt, wie jeder andere objektive Inhalt, dem das Bewußtsein auch Gegenständlichkeit zuschreibt, gesetzt werden kann. Andererseits ist es *verdächtig* und sehr wohl mehr als dies, am Gefühle und Herzen gegen die gedachte Vernünftigkeit, Recht, Pflicht, Gesetz, festzuhalten, weil das, was *mehr* in jenen als in dieser ist, nur die besondere Subjektivität, das Eitle und die Willkür, ist. – Aus demselben Grunde ist es ungeschickt, sich bei der wissenschaftlichen Betrachtung der Gefühle auf mehr als auf ihre *Form* einzulassen und ihren Inhalt zu betrachten, da dieser als gedacht vielmehr die Selbstbestimmungen des Geistes in ihrer Allgemeinheit und Notwendigkeit, die Rechte und Pflichten, ausmacht. Für die eigen-

Recht und Moral. Die Kritik betrifft insbesondere alle vermeintlichen Widerstandsrechte gegen den Staat an sich, die sich z.B. eine burschenschaftliche Jugend zuschreibt. Zugleich aber verteidigt er die allgemeinen Personen- und Bürgerrechte aus der Einsicht in den Begriff der Person und des Bürgers als Teil der Idee einer freien bürgerlichen Gesellschaft mit allgemeinen Eigentumsrechten und Vertragsfreiheit. Moral wird dabei begriffen als zunächst rein subjektive Kritik und freie Beurteilung gegebener oder neu vorgeschlagener Normen, Regeln und Gesetze oder ihrer rechten Anwendung. Zentraler Punkt ist, dass sie zunächst nur als Denkvorschlag in einer freien Debatte zu verstehen ist und nicht schon unmittelbar als allgemeine gesetzesprüfende oder gar gesetzgebende Vernunft ausgegeben werden darf, wie Kant suggeriert, was Fries in seiner nationalrevolutionären Gefühlsphilosophie weiter an die deutsche Jugend etwa auf dem Wartburgfest mit seiner Bücherverbrennung im Vorfeld der Ermordung Kotzebues durch den Jenaer Studenten Sand vermittelt hat.[31]

Hegels Kritikkritik an Versicherungen und Wichtigtuereien der guten Bürger oder der moralisch Ehrlichen ist also gerichtet gegen jede subjektivistische Moral und keine billige Apologetik des Staates und des positiven Rechts. Vielmehr geht es um eine Analyse der falschen Dichotomie zwischen einem (positivistischen) Legalismus und einem (moralisch getränkten) Kommunitarismus. Das Ergebnis steht sozusagen zwischen dem kühl-rationalen Staatsprinzip eines Thomas Hobbes oder auch Machiavelli und dem religiösen Gemeinschafts- und Liebesprinzip eines Jesus oder eines utopischen Kommunismus. Es liegt auch in der Mitte zwischen Pflicht- und Konsequenzenmoral, zwischen Positivismus und Intuitionismus. Insbesondere anerkennt Hegel die Tatsache,

tümliche Betrachtung der praktischen Gefühle wie der Neigungen blieben nur die selbstsüchtigen, schlechten und bösen; denn nur sie gehören der sich gegen das Allgemeine festhaltenden Einzelheit; ihr Inhalt ist das Gegenteil von dem der Rechte und Pflichten, eben damit erhalten sie aber nur im Gegensatze gegen diese ihre nähere Bestimmtheit.“.

31 In der Fortsetzung des § 487 der Enzyklopädie drückt Hegel das freie moralische Urteilen so aus: Der freie Wille ist: „B. in sich reflektiert, so daß er sein Dasein innerhalb seiner hat und hierdurch zugleich als *partikulärer* bestimmt ist, das Recht des *subjektiven* Willens, – die *Moralität.*“ Das heißt, wir können frei mit anderen kommunizieren und kooperieren und deren Kooperativität oder Moral frei beurteilen.

dass es *dialektisch widerstreitende Gerechtigkeitsprinzipien* und *Werte-Dimensionen* gibt, so dass man, wenn man das eine Gut verfolgt, in der Gefahr steht, das andere zu schädigen. So steht z. B. *numerische Gleichheit* in der Verteilung von Chancen im Kontrast zu einer *proportionalen Gleichheit* in einem Leistungssystem und damit auch zu einem allgemeinen *Wohlstand*. Das Prinzip der *Maximalisierung eines Durchschnittsnutzens* wie im Utilitarismus wiederum steht in partiellem Widerspruch zu den besonders fundamentalen Prinzipien der *Freiheit* und persönlichen *Sicherheit*. Unser Interesse an einem *Eigentumsregime* hängt dabei wesentlich, wie Hegel klar sieht, mit dem Interesse an Planungssicherheit und freier Lebensgestaltung zusammen. Aber trotz dieses methodischen Vorrangs der Freiheit der Einzelnen ist die Frage nach der Rangordnung der Werte im konkreten Detail *nicht kontextfrei* zu beantworten. Hegels ‚Versöhnung' ist als vermittelnder Ausgleich zu begreifen: Alle Momente sind angemessen zu berücksichtigen und in eine vernünftige Balance zu bringen. Ein Urteil nach starren ‚Prinzipien' ist hier immer unvernünftig.

10. Zusammenfassender Übergang zur Weltgeschichte

Logische Grundprobleme juridischer Vernunft sind, erstens, Fragen nach der *Verantwortlichkeit und Freiheit* des Handelnden wie etwa der Vorsätzlichkeit und Entscheidungsfähigkeit im Kontrast zu partiell vorhersagbaren, partiell zufälligen Geschehnissen in der handlungsfreien Natur. Der angesprochene Kontrast ist nur begreifbar vor dem Hintergrund einer Disambiguierung des Naturbegriffs. In der Unterscheidung von Natur als allgemeines Wesen und ihren besonderen Erscheinungen einerseits, der ganzen Welt andererseits können und müssen wir Kants Aspekten-Dualismus und andere Varianten des Kompatibilismus als Reparaturbetrieb eines deterministischen Naturalismus überwinden. Schon Spinozas Formel „*deus sive natura*" artikuliert einen materialistischen Pantheismus, der wie der Physikalismus oder Biologismus kein Wissen, noch nicht einmal ein sinnvoller Glaube, sondern ein rein willkürliches Dogma, freilich mit suggestiven, aber in die Irre führenden Plausibilitäten ist.

Die zweite Grundfrage betrifft die Anerkennung und damit die Begründung von Rechtsinstituten wie Eigentum und Strafe, also das bürgerliche Recht und das Strafrecht. Hier erkennt Hegel klar, dass es keine apriorisch-transzendentale Begründung der Norm „du sollst nicht stehlen" geben kann. Denn es ist formal ebenso konsistent, in einer kommunistischen Ordnung reiner Allmenden zu leben wie in einer bürgerlichen Gesellschaft mit dem Institut des Privatbesitzes und Privateigentums als Rahmen für eine dauernde Handlungsplanung von Einzelpersonen und Familien bei gleichzeitiger Vertragsfreiheit im Austausch von Gütern und Waren. Es gibt also auch keine naturrechtliche Rechtfertigung von Besitz und Eigentum. Es ist nur eine freiheitsrechtliche Begründung möglich, welche auf unser Eigeninteresse an einem Leben als freier Person in einem System freier Personen verweist.[32] Eine solche

32 Im § 487 der Enzyklopädie schreibt Hegel dazu: „Der freie Wille ist: A. selbst zunächst *unmittelbar* und daher als *einzelner, – die Person*; das Dasein, welches diese ihrer Freiheit gibt, ist das *Eigentum*. Das *Recht* als solches ist das *formelle, abstrakte* Recht." Das Eigentum ist hier als ein Besitz und Vermögen angesehen, der es den Familien ermöglichen soll, ihr Leben zu planen und durch Arbeit zu erhalten, etwa auf einem eigenen Bauernhof, als Händler oder als Staatsdiener. Das bedeutet aber,

ersetzt Kants ungangbaren Weg der bloßen Kohärenzbetrachtung, nach der ich angeblich nicht wollen kann, dass es kein Eigentum gebe[33], durch eine teils kooperationsfunktionale, teils anerkennungslogische, in jedem Fall aber auf personale Freiheit bezogene Begründung. Das Argument lautet am Ende: Es gibt in der wirklichen Welt keine bessere Ordnung freier Kooperationen als eine solche, welche grundsätzlich das Eigentum von Individuen und Familien schützt, und zwar um über das Prinzip der ‚Subsidiarität' die freie Eigenverantwortung für das eigene Leben zu ermöglichen und zu schützen. Daher ist manche Kritik am ‚Kapitalismus' am Ende nicht über die Dialektik des Eigentums informiert, während die blinde Apologetik eines naturrechtlichen Liberalismus mit seiner dogmatischen, sogar metaphysischen, Verteidigung eines unbeschränkten Eigentumsregimes die Notwendigkeit sozialstaatlicher Lenkung einfach ignoriert. Dass wir das Eigentumsregime an sich wollen, hängt also nur von seiner materialen Leistung für ein gemeinsames gutes Leben ab. Damit wird erst die Sittlichkeit der bürgerlichen Gesellschaft konkret und robust als geschichtlich gewordene Lebensform der Menschen begriffen.[34] Die neuen Kooperationsformen in der modernen Gesellschaft werden begriffen als durch das staatliche Rahmenrecht kon-

dass eine besitzlose Klasse von Lohnarbeitern in Probleme geraten kann, da sie ihr Leben nicht mehr frei planen können.

33 Vgl. dazu Georg Friedrich Wilhelm Hegel *Phänomenologie des Geistes* (1807), neu herausgegeben von Hans-Friedrich Wessels und Heinrich Clairmont, mit einer Einleitung von Wolfgang Bonsiepen, Hamburg, Meiner, 1988, 282 f.: „Es ist die Frage, soll es an und für sich Gesetz sein, daß *Eigentum* sei: *an und für sich*, nicht aus Nützlichkeit für andere Zwecke; die sittliche Wesenheit besteht eben darin, daß das Gesetz nur sich selbst gleiche und durch diese Gleichheit mit sich, also in seinem eigenen Wesen gegründet, nicht ein bedingtes sei. Das Eigentum an und für sich widerspricht sich nicht; es ist eine *isolierte* oder nur sich selbst gleichgesetzte Bestimmtheit. Nichteigentum, Herrenlosigkeit der Dinge oder Gütergemeinschaft widerspricht sich gerade ebensowenig. Daß etwas niemand gehört oder dem nächsten Besten, der sich in Besitz setzt, oder allen zusammen und jedem nach seinem Bedürfnisse oder zu gleichen Teilen, ist eine *einfache Bestimmtheit*, ein *formaler Gedanke*, wie sein Gegenteil, das Eigentum."

34 Dabei werden übrigens alle transmundanen Spekulationen über rein formallogisch mögliche Welten wie gerade auch in den Denkspielen Kants über die ethische Vernunft von Engeln und Göttern erstens überflüssig und zweitens als höchst irreführend erkennbar. Stattdessen wird das Gesamtethos der Menschen konkret und robust als tradierte sittliche, d.h. kooperative, Lebensform der Menschen begriffen.

stituiert und sanktioniert. Um diese Gesellschaftsformation explizit zu machen, bedarf es einer Analyse der kategorialen Differenz von *Gemeinschaft und Gesellschaft*, wie dies nach Hegel der Mitbegründer der modernen Soziologie Ferdinand Tönnies in seinem gleichnamigen Standardwerk vorführt.[35]

Zu den gemeinschaftlichen oder kommunitarischen Strukturen, dem ‚*göttlichen Recht*' Hegels, gehören dabei, das ist ein dritter Punkt, alle Familienstrukturen und familialen oder familienanalogen Relationen. Im Kontrast zu ihnen steht die Verfassung einer transfamilialen, damit auch trans-tribalen und am Ende sogar trans-nationalen bürgerlichen Gesellschaft, samt ihrer konstitutiven Rechte, welche den Staat voraussetzen.

Begrifflich gliedert sich die Ethik unserer menschlichen Lebensformationen, das ist ein vierter Punkt, in das Strukturmoment *direktiver Macht*, wie wir sie beim *pater familias* neben freien innerfamiliären oder dann auch binnen-tribalen Kooperationsformen (wie sogar noch in Sparta) finden, und die *politische Ordnung* als Rahmen für eine freie personale Arbeitsteilung. Dabei kann die Regierungsform und politische Mitbestimmung der Bürger noch weit variieren. Der *rex* oder König in Frühformen eines Staates entsteht aus einer Überhöhung der Rolle des *pater familias* einer Großsippe oder Clans in einer *gens* oder einem *Volk*. Er wird zum ‚heiligen' Repräsentanten des ‚Volkes', oft mit unbeschränkter Willkürmacht.[36] Das genau ist das Wesen der von Hegel so genannten ‚orientalischen' Herrschaft.

Zu den familialen Strukturen zählen alle ‚heiligen' Normen, welche seit archaischer Zeit neben den Binnenverhältnissen der Familien auch freie (Gast-)Freundschaften ermöglichen. Dabei ist übrigens ein ‚archaisches', Hegel sagt dazu: ‚orientalisches', Reich, weil er sein Muster in Altägypten, Mesopotamien und Persien findet, strukturell familial verfasst, wie dann übrigens auch wieder das Reich des byzantinischen *basileus*, des türkischen Sultans oder russischen Zaren. Soweit auch im frühmittelalterlichen feudalen Königtum Herrschaft und Verwaltung

35 Ferdinand Tönnies, *Gemeinschaft und Gesellschaft*, Leipzig, Fues, 1887, Nachdr. Darmstadt, Wissenschaftliche Buchgesellschaft, 2005.

36 Vgl. dazu auch die Bemerkung: „Was heiliger als das Recht des Königs – Religion Gesalbte des Herrn" (GW 14,2; 287).

weitgehend über familiale Verwandtschaften und freundschaftsartige Gefolgschaften oder eben *Treue* vermittelt sind, gehören auch diese noch strukturmäßig zu einer ‚orientalischen' Form der Regierung. In der Tat ist die alte Form des (Gott-)Königtums mit einem Rex an der Spitze durchaus von einem Prinzipalstaat mit einem *Fürsten*, dem *Princeps* oder *Ersten* im Staat zu unterscheiden. Die Wörter „König", „Kaiser" und „Imperator" vertuschen in ihrem bloß traditionellen Gebrauch diese Unterschiede, zumal im so genannten Absolutismus von Philipp II von Spanien über die Bourbonen in Frankreich und die Tudors in England bis zu den deutschen Kleinfürsten der so genannte König keineswegs als Einzelperson mit absoluter Entscheidungsgewalt ausgestattet gewesen ist. Das ist deswegen so wichtig, weil die von Hegel so genannte germanische Herrschaftsform eben diese europäische Folgeverfassung des so genannten Absolutismus in einem Zentralstaat wie Frankreich und Preußen in den Blick nimmt. „Germanisch" heißt sie deswegen, weil als Folge der Reformation der König seine Legitimität nicht unmittelbar auf ein Gottesgnadentum gründen kann, was auch immer das ideologische Gerede noch bei Friedrich Wilhelm IV von Preußen und Kaiser Wilhelm II anderes sagt. ‚Absolutistisch' heißt sie, weil die politische Macht des *Adels* gebrochen wird: Der Adel hatte sich ja im ‚Mittelalter' Macht und Reichtum angeeignet, indem er, wie das auch heute überall geschieht, die Vorteile eines politischen Amtsträgers oder Verwalters (etwa als Ministeriale oder *major domus*) privat in Erbrechte umgewandelt und sich mit seinen Ritterknechten sozusagen auf Burgen eingemauert hat und damit für ein Volk unangreifbar wurde, das an der solidarischen Organisation einer nachhaltigen Gegenmacht regelmäßig scheitert.

Sogar in den katholischen Ländern wird die eigenständige funktionale Rolle des Staats nach den Umwälzungen des frühen 16. Jahrhunderts anerkannt. Der weiter verteidigte Anspruch der Kirche, moralische Werte-Instanz und ideologisches Bindeglied zwischen Untertan und Herrschaftssystem zu sein, unterscheidet den Katholizismus daher später nicht mehr wesentlich vom Protestantismus als Staatskirche. Dazwischen liegen freilich Kämpfe des Übergangs in den Religionskriegen, in Frankreich etwa gegen die Hugenotten, in England im Aufstand Cromwells, in Deutschland im Dauerkrieg bis zur westfälischen Neuordnung des Reiches. Bürger und Kleinadel tendieren dabei überall zum Protestantismus. In Deutschland ist die Lage der langsam aber sicher in sich zerfallenden Superstruktur des Heiligen Römischen Reiches Deutscher Nation eine besondere, in Frankreich der Vorrang der nationalstaatlichen Interessen.

Wie man sieht, ist Hegels Typisierung der Herrschaftsformen keineswegs einfach auf eine historische Abfolge projizierbar. Das zeigt sich auch daran, dass im Vergleich zur ‚orientalischen' Herrschaftsform von Persien bis Russland und China die Grundform des Rechtsstaates schon in Solons ‚Eunomia'-Elegie explizit wird. Ein solcher Rechtsstaat bildet in der Moderne den notwendigen Rahmen für eine Gesellschaft *freier Vertragsbeziehungen zwischen freien Rechtspersonen*. Dabei haben zunächst, bei den Griechen und im römischen Reich, *nur einige Menschen* einen solchen personalen Status. Andere aber fallen ‚nach außen' unter ein Sachenrecht wie die Tiere, können also veräußert oder verkauft werden, was weltweit noch lange für Kinder und Knechte, Mädchen und Mägde gilt. Man beachte, dass schon die Wörter jeweils etymologisch identisch sind – was jeder wissen sollte, der die Rede von Maria als der ‚reinen Magd' noch als alte Form der Rede von einem unschuldigen Mädchen verstehen kann und auch bei „*knight*", „Knecht" und „Kind" die Verwandtschaften in Sache und Wort kennt. ‚Nach innen' fallen Gesinde und Frauen weitestgehend wie die Kinder unter die absolute Willkür-Macht des Hausherrn oder Familienoberhaupts, in manchen orientalischen bzw. mediterranen Traditionen unter Einschluss des ‚byzantinischen' Russland bis heute.[37] Ein ‚absoluter' Herrscher wie Philipp II, Ludwig XIV oder Friedrich II kann also keineswegs wie ein orientalischer Despot ‚willkürlich' über seine Untertanen urteilen.

Hegels bewusst ganz grob gehaltene Analyse und Klassifikation der drei bzw. vier Herrschaftsformen, der orientalischen oder patriarchalischen regalen Macht, der griechischen Eunomie, der römischen Republik und schließlich der ‚germanischen' Staatsverfassungen kurz vor und nach der Reformation, besonders in England und in den anderen

37 Vgl. dazu den ‚Zwischenruf': „Sclave, Sohn" (GW 14,2; 295). Hegels latent ironische Rede von einem göttlichen Recht ist durchaus als Kritik an einer (pseudo-)religiösen Rechtfertigung der Fortschreibung archaischer Familienstrukturen zu lesen.

nördlicheren Staaten Europas, ist daher nicht etwa als eurozentrische oder gar germanisch-deutsche Selbstüberhebung eines aufkommenden Imperialismus zu lesen. Die anschwellende populistische Literatur mit einer naiven Liebe zu einem internationalen Pluralismus fühlt sich in dieser Kritik zwar wohl, beweist damit aber eine Art Leseschwäche, sowohl in Bezug auf die Differenzen von geschichtlichen Zeiten als auch von Ausdrucksformen. Man kann zwar niemandem verbieten, die Texte rein anachronistisch zu lesen. Dennoch sollten, ja müssen wir darüber urteilen, ob es sich nicht doch bloß um eine Form der Legasthenie handelt. Es geht bei Hegel jedenfalls weit eher um eine Kritik an einer relativ naiven ‚liberalistischen' Naturrechtsdebatte. Hegel erkennt nämlich, dass in ihr die realen Verhältnisse verkehrt werden, und zwar aufgrund der Vorstellung, die freien Relationen zwischen freien Personen lägen schon jeder Staatsordnung zugrunde. In Wahrheit ist es umgekehrt. Freie Personen sind wir erst, seit es einen Staat gibt, dessen regale Macht uns nicht als Kinder, Knechte oder Gefolgsleute in familialer Bindung betrachtet, sondern als die eigentlichen Staatssubjekte, die von der Regierung nur vertreten werden. Die naturrechtliche Verkehrung der Betrachtung der Dinge erzeugt dagegen in der Neuzeit einen bis heute höchst problematischen ‚staatskritischen' Grundimpuls, wie es noch in den naiven Vorstellungen aller Arten von Occupy-Bewegungen mitschwingt.

Zwar gibt es eine liberalistische Verteidigung des Staates, wie sie nach Thomas Hobbes besonders schön in Robert Nozicks *Anarchy, State, and Utopia*[38] ausbuchstabiert wird. Ein solches klassisches Naturrecht setzt ein vermeintlich unmittelbar subjektives Recht der Einzelperson *über* den Staat. Hier ist insbesondere Spinoza dafür zu loben, dass er schon vor Rousseau die aporetische Dialektik erkennt, die sich daraus ergibt, dass die staatliche Macht einerseits *nur als Macht des Staatvolks* verstehbar und legitimierbar ist, dass aber die Macht des ‚Pöbels' oder der je bloß zufälligen Mehrheit einer *Volksmasse* die größte Gefahr für jede *civitas*, jeden *Staat* als institutionell verfasste *Gesellschaft* darstellt. Wer immer Spinoza zum *Demokraten* erklärt, muss mit eben dieser Spannung leben, die sich sachlich gar nicht von der Span-

38 Robert Nozick, *Anarchie, Staat, Utopia,* München, Olzog, 2011.

nung zwischen einer volonté générale und einer volonté de tous bzw. der Kritik an einer reinen *Volksversammlungsdemokratie* bei Kant und Hegel unterscheidet. Die Kritik betrifft die rein zufälligen Mehrheiten in allen Arten von *Vollversammlungen* und scheinbaren Mehrheiten, wie sie schon von Aristophanes, nicht etwa bloß Sokrates oder Platon als Gefahr erkannt ist: Demagogen wie Kleon in Athen, Robespierre in Frankreich oder Hitler in Deutschland stützen sich auf diesen Pöbel.

Auch noch die kommunistische Utopie von Karl Marx vertritt einen latenten Anarchismus, wie er bis herunter zur Machtkritik Michel Foucaults dem libertären Denken verwandter ist, als je zugegeben wird, und zwar gerade aufgrund seines methodischen Individualismus in der Erklärung der Handlungsweisen der Akteure und ihrer Charaktermasken als *homines oeconomici*. Leider führt dies alles zurück in einen Kommunitarismus, eine vermeintlich machtfreie Gemeinschaft, in der auf idealische Weise jeder für sich und alle für einander ‚arbeiten' sollen. Dabei wird die Verwandtschaft kommunitarischer mit familialen und damit patriarchalischen, eben damit latent mafiosen, Strukturen gerne übersehen oder ausgeblendet. Hierher gehört durchaus auch die Vorstellung von einer entweder mystisch durch sich selbst oder durch einen Führer geleiteten Volksgemeinschaft. Die Parallele zu einer sozialistischen Gemeinschaft ist erschreckend, geführt von einer *treuen* Parteiorganisation und ihrem Generalsekretär, wie das entsprechende Väterchen in allen realsozialistischen Staaten hieß, und zwar aufgrund der biographischen Entwicklung Stalins.

Wenn wir das alles zusammenfassend betrachten, verstehen wir vielleicht auch besser, was es heißt, dass Hegels Logik Dialektik ist. Sie ist eine Logik des Dialogs und des schwierigen gemeinsamen, weil immer schon freien Urteilens. Sie steht damit im Kontrast zu einer bloß formalen Logik des deduktiven Beweisens oder Rechnens wie in der welttranszendierenden, rein idealen, Mathematik. Zugleich steht sie im Kontrast zu einem lauwarmen Konsens und einer Gefühlsethik, also auch zu einem bloß subjektiven Appell an eine vernünftige Gemeinsamkeit wie im Kantianismus, bis herunter zur neueren Frankfurter Schule Karl-Otto Apels und Jürgen Habermas' und deren Nachfolger.

Dialektik ist Logik der Institutionen. Nur Institutionen *organisieren* ein gemeinsames Urteilen und Handeln, so wie z. B. die Institution

Wissenschaft die gemeinsame Arbeit am Begriff organisiert. Bestimmt wird dabei das richtige gemeinsame materialbegriffliche Differenzieren und Inferieren, also das Unterscheiden und Schließen im Blick auf paradigmatische Normalfälle oder prototypische Normfälle. Die Bestimmungen selbst werden auf allgemeine Weise erarbeitet, kontrolliert und anerkannt. Die Institution *Recht* und das System *Staat* als Rahmen für alle Institutionen organisieren entsprechend eine immer globaler werdende Kooperation der Menschen.

Themen einer Rechtsphilosophie als dialektischer Logik des Rechts sind also die systematischen, funktionalen, auch moralischen Grundlagen von (Natur-)Recht und Staat. In einer entsprechenden Grundbegriffsanalyse geht es darum, wie wir über eine Sache, hier: über eine Institution oder ein Institutionssystem wie den Staat *sprechen*. Dabei ist die logische Form einer logischen Explikation nicht immer einfach zu begreifen. Denn bei geeigneter Lektüre waren und sind die traditionellen Weisen, über ein gottgegebenes Recht (auch in einer so genannten Offenbarung) oder dann auch ein Naturrecht zu sprechen, durchaus wichtige Früh-Formen der Artikulation institutioneller Verhältnisse. Freilich treten sie zunächst in bloß erst figurativen Redeformen auf. Ihre Metaphorik bleibt aber wegen der großen Streuung ihres rechten Verständnisses nicht ohne problematische Folgen, besonders in einem sophistischen, d.h. formalistischen Gebrauch ohne zureichende Erfahrung und Urteilskraft. Es geht daher nicht darum, diese Redeformen einfach abzuschaffen, auch wenn es manchmal opportun ist, sie durch eine besser in ihren Folgerungen kanonisierte und damit ‚wörtlichere', d. h. schematisiertere, Redeform abzulösen. Oft aber reicht es, Fehlschlüsse dadurch zu vermeiden, dass die irrelevanten und irreführenden inferentiellen Bestandteile kenntlich gemacht werden, welche in einem aufgeklärten und selbstbewussten Umgang mit Metonymien oder Katachresen aus der vernünftigen Anwendung der Bilder ausgeschlossen werden müssen. Es geht dabei insgesamt um ein angemessenes logisches Verständnis unserer Formen der Rede und der lokalen Bestimmung von begrifflichen Differenz- und Inferenzformen, im Wissen darum, dass Vollschematisierungen nie möglich sind, also auch keine absolute Unterscheidung zwischen wörtlichen und figurativen (tropischen, metaphorischen) bzw. begrifflich exakt geregelten und frei auszudeutenden, damit immer auch ‚rhetorischen' Sprachformen.

In der Vorrede zur zweiten Ausgabe der Enzyklopädie (1830) fasst Hegel seine Überlegungen auf jetzt wohl erhellende Weise zusammen, wo er sagt: „Es ist ein unbefangener, dem Anschein nach glücklicher Zustand noch nicht gar lange vorüber, wo die Philosophie Hand in Hand mit den Wissenschaften und mit der Bildung ging,... ein Naturrecht sich mit Staat und Politik vertrug.... Der Friede war aber oberflächlich genug, und ... dieses Naturrecht (stand) mit dem Staat in der Tat in innerem Widerspruch. Es ist dann die Scheidung erfolgt, der Widerspruch hat sich entwickelt; aber in der Philosophie hat der Geist die Versöhnung seiner mit sich selbst gefeiert, so daß diese Wissenschaft nur mit jenem Widerspruche selbst und mit dessen Übertünchung im Widerspruche ist. Es gehört zu den üblen Vorurteilen, als ob sie sich im Gegensatz befände gegen eine sinnige Erfahrungskenntnis, die vernünftige Wirklichkeit des Rechts und eine unbefangene Religion und Frömmigkeit; diese Gestalten werden von der Philosophie anerkannt, ja selbst gerechtfertigt; der denkende Sinn vertieft sich vielmehr in deren Gehalt, lernt und bekräftigt sich an ihnen wie an den großen Anschauungen der Natur, der Geschichte und der Kunst; denn dieser gediegene Inhalt ist, sofern er gedacht wird, die spekulative Idee selbst. Die Kollision gegen die Philosophie tritt nur insofern ein, als dieser Boden aus seinem eigentümlichen Charakter tritt und sein Inhalt in Kategorien gefaßt und von solchen abhängig gemacht werden soll, ohne dieselben bis zum Begriff zu führen und zur Idee zu vollenden."

Prof. Dr. Pirmin Stekeler-Weithofer

Geboren	21.12.1952 in Meßkirch
1970–1984	Studium: Theoretische Sprachwissenschaft und Philosophie (Magister 1975) und Mathematik (Diplom 1977) in Konstanz, Berlin, Prag, Berkeley
1984	Promotion, Universität Konstanz
1987	Habilitation, Universität Konstanz
1988	Gastprofessor, University of Campinas, Sao Paulo, Brasilien
1990–1992	Forschungsaufenthalt University of Pittsburgh, USA
seit 1992	Professor für Theoretische Philosophie, Universität Leipzig
1997	Gastprofessor, University of Wales
seit 1998	Mitglied der Sächsischen Akademie der Wissenschaften zu Leipzig
2000–2005	Geschäftsführer der Deutschen Gesellschaft für Philosophie (DGPhil)
2002	Theodor Heuss Professor, New School University New York
seit 2005	Vizepräsident der Internationen Hegel-Vereinigung
seit 2006	Präsident, danach Vizepräsident der Internationalen Ludwig Wittgenstein Gesellschaft
2006–2007	Forschungsaufenthalt University of Pittsburgh
2008	Präsident der Sächsischen Akademie der Wissenschaften zu Leipzig
2010	Forschungsaufenthalt Paris, Sorbonne

Buchveröffentlichungen

Hegels Phänomenologie des Geistes. Ein dialogischer Kommentar. Bd. 1: Gewissheit und Vernunft, Bd. 2: Geist und Religion. Hamburg, Meiner, 2014.

Denken. Wege und Abwege in der Philosophie des Geistes, Tübingen, Mohr Siebeck, 2012.

Formen der Anschauung. Eine Philosophie der Mathematik, Berlin, de Gruyter, 2008.

Philosophiegeschichte, Berlin, de Gruyter, 2006.

Philosophie des Selbstbewusstseins. Hegels System als Formanalyse von Wissen und Autonomie, Frankfurt/M., Suhrkamp, 2005.

Sinn-Kriterien. Die logischen Grundlagen kritischer Philosophie von Platon bis Wittgenstein, Paderborn, Schöningh, 1995.

Hegels Analytische Philosophie. Die Wissenschaft der Logik als kritische Theorie der Bedeutung, Paderborn, Schöningh, 1992.

Grundprobleme der Logik. Elemente einer Kritik der formalen Vernunft, Berlin, de Gruyter, 1986.

Zeitfracht Medien GmbH
Ferdinand-Jühlke-Straße 7
99095 Erfurt, Deutschland
produktsicherheit@kolibri360.de